汽车维修专业技师教材

汽车维修企业管理软件运用

● 任振林　主编 ● 关菲明　主审

人民交通出版社

内 容 提 要

本书是交通职业教育教学指导委员会推荐教材，也是汽车维修专业技师教材。由交通职业教育教学指导委员会汽车(技工)专业委员会根据全国交通技师学院汽车维修专业教学计划与教学大纲，以及交通行业职业技能规范和技术工人等级标准组织编写而成。

本书内容主要包括：概论、汽车维修企业管理软件基础框架与延伸框架、典型汽车维修企业管理软件的运用，共3个单元，着重介绍了元征汽车维修网络管理系统的运用。

本书供全国交通高级技工学校、技师学院汽车维修专业教学使用，也可作为相关行业岗位培训或自学用书，同时可供汽车维修技术人员阅读参考。

图书在版编目(CIP)数据

汽车维修企业管理软件应用/任振林主编．—北京：人民交通出版社，2007.5

ISBN 978-7-114-06465-4

Ⅰ．汽…　Ⅱ．任…　Ⅲ．汽车-修理厂-工业企业管理-应用软件　Ⅳ．F407.471.6-39

中国版本图书馆CIP数据核字(2007)第040976号

书　　名：**汽车维修企业管理软件应用**
著 作 者：任振林
责任编辑：李世华
出版发行：人民交通出版社
地　　址：(100011)北京市朝阳区安定门外外馆斜街3号
网　　址：http://www.ccpress.com.cn
销售电话：(010)85285838，85285995
总 经 销：北京中交盛世书刊有限公司
经　　销：各地新华书店
印　　刷：廊坊市长虹印刷有限公司
开　　本：787×960　1/16
印　　张：9.75
字　　数：169千
版　　次：2007年5月第1版
印　　次：2007年5月第1次印刷
书　　号：ISBN 978-7-114-06465-4
印　　数：0001-5000册
定　　价：18.00元

交通职业教育教学指导委员会
汽车(技工)专业指导委员会

前 言

为贯彻落实《国务院关于大力发展职业教育的决定》以及教育部等六部门《关于实施职业院校制造业和现代服务业技能型紧缺人才培养培训工程的通知》精神,适应汽车工业飞速发展和汽车运用与维修专业技能型紧缺人才培养的需求,交通职业教育教学指导委员会汽车(技工)专业指导委员会组织全国交通高级技工学校和技师学院专业教师,按照《全国交通技师学院汽车维修专业教学计划与教学大纲》以及汽车维修技师职业标准的要求,编写了汽车维修专业技师教材,供全国交通高级技工学校和技师学院汽车维修专业教学使用。

本系列教材总结了全国交通高级技工学校、技师学院多年来的专业教学经验,注重以学生就业为导向,以培养能力为本位,教材内容符合汽车维修专业教学改革精神,适应汽车维修行业对技能型紧缺人才的要求,具有以下特点:

1. 采用计划叠加方式构建技师教材体系。全国交通高级技工学校通用教材中的《汽车发动机电控系统检修》等7门专项高级技能训练教材由本次编写出版,也可与汽车维修专业技师教材配套使用。在此基础上增加了《汽车维修案例分析》等7门维修管理及维修经验类教材,形成了一套完善的汽车维修专业技师教材体系。

2. 教材内容与技师等级考核相吻合,便于学生毕业后适应岗位技能要求。

3. 教材注重实用性,体现先进性,保证科学性,突出实践

性，贯穿可操作性，反映了汽车工业的新知识、新技术、新工艺和新标准，其工艺过程尽可能与当前生产情景一致。

4. 教材体现了汽车维修技师应知应会的知识技能要求，更注重了汽车维修传统经验与现代维修技术的有机结合。

5. 教材文字简洁，通俗易懂，以图代文，图文并茂，形象直观，形式生动，容易培养学生的学习兴趣，提高学习效果。

《汽车维修企业管理软件运用》是专项高级技能训练教材之一。大致介绍了汽车维修企业运用管理软件的意义和方法；介绍了几种典型管理软件的基本情况，着重介绍了目前在市场上运用较广的"元征汽车维修网络管理系统"的运用。通过软件的视窗界面，图文并茂、通俗易懂地进行说明，能较好地指导学生进行模拟操作训练，使学生较快地掌握一种软件的使用方法。

本书由湖南交通职业技术学院任振林担任主编，负责全书统稿，并编写了单元一、单元二中的课题一至课题四以及单元三中的课题一。由广西交通高级技工学校关菲明担任主审。由广西交通高级技工学校施伟编写单元二中的课题五至课题八，由湖南交通职业技术学院汤北湘编写单元三中的课题二和课题四，由广西南宁李继安编写单元三中的课题三。

由于编者的经历和水平有限，加之汽车维修技师教材是首次编写，教材内容难以覆盖全国各地的实际情况，希望各教学单位在积极选用和推广本套教材的同时，注重总结经验，及时提出修改意见和建议，以便再版修订时改正。

交通职业教育教学指导委员会

汽车(技工)专业指导委员会

2007 年 2 月

目　录

单元一　概　论

学习目标

知识目标

1. 简单描述汽车维修企业的类别与资质标准；
2. 正确描述各类汽车维修企业内部管理体系的组成；
3. 简单描述汽车维修企业管理软件运用的基本情况与发展趋势；
4. 正确描述汽车维修企业管理软件在企业管理中的重要作用。

技能目标

1. 会分析典型汽车维修企业内部管理体系的组成与基本要求；
2. 会分析汽车维修企业管理软件在企业管理中的重要意义。

课题一　汽车维修企业的类别、管理资质要求与内部管理体系

一、汽车维修企业的分类与管理资质要求

根据国标 GB/T16739.1—2004 规定我国汽车维修企业分为汽车整车维修企业和汽车专项维修业户两大类。

汽车整车维修企业是指有能力对所维修车型的整车、各个总成及主要零部件进行各级维护、修理及更换，使汽车的技术状况和运行性能完全（或接近完全）恢复到原车的技术要求，并符合相应国家标准和行业标准的规定的汽车维修企业。按规模大小分为一类汽车整车维修企业和二类汽车整车维修企业。

汽车专项维修业户是指从事汽车发动机、车身、电气系统、自动变速器、车身清洁维护、涂漆、轮胎动平衡及修补、四轮定位检测调整、供油系统维护及油品更换、喷油泵和喷油器维修、曲轴修磨、汽缸镗磨、散热器（水箱）、空调维修、汽车装潢（篷布、座垫及内装饰）、门窗玻璃安装等专项维修作业的业户（又称为三类汽车维修企业）。

汽车整车维修企业开业条件中管理资质条件：

1. 人员条件

(1) 企业管理负责人、技术负责人及检验、业务、价格核算、维修(机修、电器、钣金、油漆)等关键岗位至少应配备1人,并应经过有关培训,取得行业主管部门颁发的从业资格证书,持证上岗。

(2) 企业管理负责人应熟悉汽车维修业务,具备企业经营、管理能力,并了解汽车维修及相关行业的法规及标准。

(3) 技术负责人应具有汽车维修或相关专业的大专以上文化程度,或具有汽车维修或相关专业的中级以上专业技术职称,应熟悉汽车维修业务,并掌握汽车维修及相关行业的法规及标准。

(4) 检验人员数量应与其经营规模相适应,其中至少应有1名总检验员和1名进厂检验员。

(5) 业务人员应熟悉各类汽车维修检测作业,从事汽车维修工作3年以上,具备丰富的汽车技术状况诊断经验,熟练掌握汽车维修服务收费标准及相关政策法规。

(6) 企业工种设置应覆盖维修业务中涉及到的各专业。维修人员的专业知识和业务技能应达到行业主管部门规定的要求。

2. 组织管理条件

(1) 经营管理条件:

① 应具有与汽车维修有关的法规等文件资料。

② 应具有规范的业务工作流程,并明示业务受理程序、服务承诺、客户投诉受理制度等。

③ 应具有健全的经营管理体系,设置技术负责、业务受理、质量检验、文件资料管理、材料管理、仪器设备管理、价格结算等岗位并落实责任人。

④ 应实行计算机管理。

(2) 质量管理条件:

① 应具有汽车维修的国家标准和行业标准以及相关技术标准。

② 应具有所维修车型的维修技术资料及工艺文件,确保完整有效并及时更新。

③ 应具有汽车维修质量承诺、进出厂登记、检验、竣工出厂合格证管理、技术档案管理、标准和计量管理、设备管理及维护、人员技术培训等制度。

④ 应建立汽车维修档案和进出厂登记台账。汽车维修档案应包括维修合同,进厂、过程、竣工检验记录,出厂合格证副页,结算凭证和工时、材料清单等。

汽车专项维修业户开业条件中管理资质条件：

1. 人员条件

从事专项维修关键岗位的人员数量应能满足生产的需要，并取得行业主管部门颁发的从业资格证书，持证上岗。

2. 组织管理条件

(1) 应具有相关的法规、标准、规章等文件以及相关的维修技术资料和工艺文件等，并确保完整有效、及时更新。

(2) 应具有规范的业务工作流程，并明示业务受理程序、服务承诺、用户投诉受理制度等。

(3) 应具有健全的经营管理体系，设置技术负责、业务受理、质量检验、文件资料管理、材料管理、仪器设备管理、价格结算等岗位并落实责任人。

(4) 应具有汽车维修质量承诺、进出厂登记、检验记录及技术档案管理、标准和计量管理、设备管理及维护、人员技术培训等制度并严格实施。

二、汽车维修企业内部管理体系的基本结构与基本要求

目前，我国汽车维修行业是国有、集体、个体、中外合资等多种经营形式并存的格局，初步形成了一个多渠道、多形式、多层次的汽车维修市场。通过分析归纳，从经营的方式看，我国汽车维修企业主要有以下几种性质：

1. 原有的交通部门独家经营的专业综合汽车修理厂

主要是一些规模较大的国有汽车修理专业厂。这些企业技术力量强，设备齐全，管理水平高，是行业的骨干力量。

2. 为汽车制造企业做售后服务的维修企业

主要指特约维修服务站、汽车三位一体(3S 店)、四位一体(4S 店)及其连锁经营站。这些企业场地、设备条件好，技术力量强，管理规范，但维修车型单一。

3. 各专业运输企业附属的汽车修理厂或维修车间

主要是为本企业的车辆提供维修服务。

4. 车辆较集中的各企事业单位、机关团体等原为自用车维修服务的汽车修理厂

这些厂现在一般对社会开放，大多独立核算，实行经营承包，发展很快。

5. 城乡新建的汽车维修厂点和中外合资的维修企业

这些企业以乡镇企业、第三产业、学校、街道及个体为主。其技术工人以聘用退休工人为主，大多技术力量较弱，厂房、设备简陋，企业稳定性较差。

6. 汽车专项维修、汽车维修救援、汽车俱乐部等新型维修企业

这些企业目前正处在发展中。

以上1、2、3、4四种大型维修企业内部管理体系的机构设置大体相似，通常设有总经理（厂长）、技术部、行政部、人事部（厂长办或经理办）、车间、配件部、财务部等机构。

技术部主要负责业务接待、进行进厂检验；与车间主管共同商定维修计划；在车辆维修过程中检查、监督修复情况，提供必要的技术支持；进行汽车专业技术资料的查阅和保管；车辆修复后进行详细的检查；对全厂技术人员进行有计划、有重点的专业技术培训和考核；制定维修规范、操作规范、工作标准；协同车间主管共同调整车间的工作量及测算车间的工作效率，制定生产定额、标准维修工时；测算车间消耗材料的使用，维修单元生产成本的消耗；根据生产情况，提出定购配件的计划和清单。

人事行政部（厂长办或经理办）主要负责贯彻和监督执行国家有关政策和企业规章制度，以及经理办公会议各项决议；负责员工的招聘、调动、辞退工作，对员工的考核、晋升、惩处奖罚、申报审查工作；建立健全企业人事档案和资料档案，制定工资、劳保、福利、奖励等管理制度，提交厂长经理审批；负责员工的职业道德教育，制定培训计划，组织安排员工培训工作；负责宣传、广告、对外联络、来访接待等公关工作；拟定各项规章制度，提交厂长经理审批；协调与各部门之间关系，抓好计生、安全保卫、行政、总务方面工作，抓好公务车辆管理，组织安排好节假日值班及文体活动。

车间主要负责对进厂送修车实施维修，保质、保量地完成所下达的维修计划。严格按照维修规范进行操作，做好劳动保护，杜绝火情、火险、维修事故等的发生。管理好本工位的工具、本工位维修车辆的车内物品，以防丢失。爱护所使用的仪器、仪表、设备、工具，节约使用消耗材料。

配件部主要负责收集市场信息，反馈客户意见，努力开拓配件销售市场；做好库房的各项管理工作，做到防火、防盗、防丢失、防损坏，严格账、卡、物的管理，作好计算机管理资料的输入工作；保证车间零配件及时、准确地供应；根据市场需求、公司需要，调整零配件的合理库存；提供配件订购清单；每月提供配件库存、订购、外购、内部领用等真实、有效的情况报表或报告；每季度进行一次盘库，提出配件的销售价格建议。

财务部主要是负责本单位的财务会计工作，向本单位领导和公司负责。建立本企业内部良好的核算秩序和有效的监督制度和控制制度及内部考核制度；进行企业的成本核算，提供有效的成本分摊办法，制定有效的成本监督办法，协助有关部门制定各项成本定额；根据生产计划编制资金计划、费用计划、固定资产采购计划；协调与各业务部门的工作，对各业务部门的资金使用情况进行监督、审查、保证资金的有效使用，并对使用情况进行分析、评价。为业务部门完

成各项任务提供最佳服务;参与企业重大计划、投资决策、融资决策,并提出有效建议;协调好与工商、税务、银行等相关部门的关系;及时向领导层提供全面、完整、准确的财务情况;利用会计资料进行财务分析,发现问题及时提供处理建议;负责企业资金、财产的安全、完整。

课题二　汽车维修企业管理软件的应用概况与发展趋势

一、汽车维修企业运用软件在企业管理中的重要作用

汽车维修企业管理软件是一套计算机应用管理软件,但绝不单纯是计算机技术方面的事情。汽车维修企业管理软件的目的是要在汽车维修企业管理的各个环节应用信息技术,加快企业管理过程中信息的传递、加工和处理速度,使这些信息资源得到可靠的保存和有效的利用,及时为汽车维修企业管理工作者提供决策的依据,促进企业管理水平的提高。脱离管理基础的支撑,软件系统将毫无意义可言。当然,在当今信息高度密集的现代汽车维修企业的经营运作过程中,汽车维修企业管理如果离开计算机技术的参与和支持,也是不可想象的。汽车维修企业管理软件必须是计算机技术与企业管理思想相互融合的产物。汽车维修企业管理软件的运用给汽车维修企业管理带来的好处是人所共知的,归纳起来,主要有以下优越性:

1. 让顾客有一个美好的感觉

一个顾客,走进一个宽敞明亮的接待大厅,看到的是整齐漂亮的计算机,得到的是清晰明确的计算机打印的单据,他一定会觉得这是一家管理规范,很正规的企业。如果他看到的是油乎乎的账本、鬼画符般的手写单据,其感受肯定是完全相反的。

2. 使企业管理变得更规范

计算机管理将各种管理规定,以权限的方式,固化在计算机软件中,强制人们执行。如销售定价的权利,采购订货的权利,进货渠道的选择,给客户优惠的权利,赊账提车的许可,客户投诉的处理,等等。所有这些权利的授予者和执行者是谁?计算机都将给予明确规定。

使用计算机管理中,总经理、部门经理、财务、业务员、修理工等,都有不同的权限,谁也不能超越业务流程的规定,不能超过总经理给他规定的权限,企业的管理就自然规范了。

3. 使统计分析变得更多更快更准

使用手工计账时,我们得到的统计报表数据有限,所需时间较长。一般情

况下，除了原始账本，如修车台账、材料账等外，统计报表寥寥无几，而且通常要滞后半个月或一个月才能出现在厂长的办公桌上。如果经理想要更多的统计数据，就更加困难。手工统计还容易出现差错。而有了计算机管理，这一切都会变得十分容易。它会帮助我们获得大量的、准确的、定量的数据，便于进行有效的统计分析。

4. 便于企业进行标准化、科学化管理，更好地进行管理决策

(1) 对车辆维修和零配件销售实现明码标价，代替自由度较大的手工打价，便于企业的标准化管理；

(2) 可以及时监控零配件的入库、出库、销售，做好零配件销售管理，实现合理库存；

(3) 可以详细准确地记录客户的基本情况和车辆的技术数据，便于企业做好客户服务管理和车辆维修管理；

(4) 可以量化员工绩效，使员工工资和员工工作量挂钩，提高员工的工作积极性；

(5) 可以记录维修过程中的工艺流程，为车辆维修提供技术参考；

(6) 能更好地进行管理决策。

5. 能大大提高工作效率

6. 便于利用互联网，充分发挥互联网的作用

利用互联网，查找维修资料，接受维修培训，并可以在网上直接进行维修技术的求助与交流，解决维修资料缺乏、技术手段落后的难题。还可以通过互联网有效地进行连锁管理，将总店和分店融为一体，实现效益最大化。

二、汽车维修企业管理软件开发应用概况

汽车维修企业运用计算机软件进行管理，始于20世纪80年代后期。首先是广州、北京、上海等大城市，其次是其他大中城市。但在广大中小城市，由于观念落后、人才缺乏，软件企业服务网点稀少，汽修企业的计算机管理仍很落后，甚至很生疏。现在汽修企业使用计算机软件管理已成必然趋势，而且已成为一个企业管理水平的标志。一些大型汽车制造公司的特约维修服务站(包括3S店和4S店)均实现了计算机软件管理，且都是采用本公司的管理软件。一些大中城市的汽车整车维修企业(一、二类维修企业)也基本上采用了计算机软件管理。汽车专项维修业户(三类汽修企业)目前也有少数开始使用计算机软件管理。

目前，国内开发汽车维修企业管理软件的机构有几十家，应用比较广泛，比较成熟的通用汽车维修管理软件主要有以下几种：

（1）广州市超越软件有限公司研制的《超越汽修汽配管理软件》。

（2）北京清华怀远科技中心研制的《怀远汽修管理软件 2003 版》和《汽车商务管理系统 2003 版》。

（3）元征软件开发有限公司研制的《元征汽车维修网络管理系统 LAMN（6.2）》。

（4）珠海市欧亚汽车技术有限公司研制的《欧亚汽车维修企业管理系统》。

（5）北京理工华泰科技有限公司研制的《汽车维修企业管理系统软件》。

（6）北京运华天地科技有限公司研制的《汽车维修管理软件》。

（7）天津优耐特汽车电控技术有限公司研制的《汽车维修管理系统》。

三、汽车维修企业管理软件应用发展趋势

1. 汽车维修企业管理软件已由起初的纵向单一的管理信息系统发展为现在的纵横立体式的综合管理信息系统

受汽车维修企业传统的组织结构模式的影响，一般的汽车维修企业管理软件是基于企业单一部门职能的纵向业务流程而设计的，它所要解决的首要任务是改变原有的信息手工操作方式，利用计算机系统加快信息传递的速度和周期，提高信息的质量和工作效率。但是，这种管理系统只是解决了纵向的业务流程的问题，横向部门之间的业务来往，缺乏有效的信息共享，依然存在“信息孤岛”。事实上，一些汽车维修企业尽管搞了不少管理信息系统，但正是基于这种部门级的系统，虽然上下级部门实现了信息的快速下达与回馈，但是横向相互之间没有一个有效地沟通手段，使这些系统成为了条块分隔的孤立的子系统。所以，新的管理软件必然要求将这些子系统有效地整合在一起，建成汽车维修企业全面管理立体式的交互系统。从我国管理软件的代表——财务软件的发展历程来看，财务管理软件经历了会计核算软件、财务管理软件、一体化企业管理软件、全面企业管理软件等阶段。由此不难看出，汽车维修企业管理软件也将由起初的纵向单一的管理信息系统发展为纵横立体式的综合管理信息系统。

2. 汽车维修企业管理软件成功的应用离不开汽车维修企业规范的管理流程

应当强调的是，汽车维修企业管理软件必须根植于一个规范的环境中，否则将会失去用武之地。软件系统是靠严格的操作流程运行的，汽车维修企业管理流程的不规范性，会直接导致信息系统无法正常工作。这就是目前一些汽车维修企业花费重金购进的软件系统没有起到预期作用的原因之一。为什么我国的财务软件应用得比较成功，就是因为在我国企业中有一套严密规范的财经

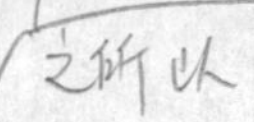

制度，有一套统一的财务流程和报表格式。所以，作为软件开发商自然可以依据这些规范的业务流程，开发出供企业用户使用的商品软件，汽车维修企业由于其行业的特殊性，在企业经营活动中还有许多不规范的地方。因此，汽车维修企业要想使管理软件得到成功应用，就必须进一步规范其业务流程。

3. 朝着全面汽车维修企业管理软件的方向迈进

现阶段汽车维修企业管理软件在国内汽车维修企业的应用情况来看，还存在诸多有待解决的问题。可喜的变化是，不少软件公司已经推出了汽车维修企业的解决方案，例如许多软件公司最近推出的以"协同商务，集中管理"为核心理念，面向大中型汽车维修企业提供以集成、优化、计划、控制为基础的网络化管理的管理软件，朝着全面汽车维修企业管理软件的方向迈进，这种发展将成为未来汽车维修企业管理软件的趋势。

思考与练习

一、填空题

1. 根据国标 GB/T16739.1—2004 规定，我国汽车维修企业分为________和________两大类。

2. 汽车整车维修企业按规模大小分为________和________两类。

二、简答题

1. 汽车整车维修企业的技术负责人、业务人员应具备的资质条件分别是什么？

2. 从经营的方式看，我国汽车维修企业主要有哪几种类型？

3. 我国大型汽车维修企业一般设有哪些管理机构？

4. 汽车维修企业管理软件在企业管理中的重要作用有哪些？

5. 简要叙述汽车维修企业管理软件在我国的应用情况和发展趋势。

单元二　汽车维修企业管理软件基础框架与延伸框架

学习目标

知识目标

1. 简单描述汽车维修企业管理的总体框架；
2. 正确描述汽车维修企业管理软件的业务流程；
3. 简单描述汽车维修业务接待、车间管理、库房管理、客户服务、财务管理、经营数据分析等的计算机管理的基本要求；
4. 正确描述汽车维修业务接待计算机管理信息登记的项目与要求；
5. 正确描述车间维修调度计算机管理信息登记的项目与要求；
6. 正确描述库房计算机管理工作的项目与要求；
7. 正确描述客户服务计算机管理工作的要求；
8. 正确描述财务管理的计算机信息处理项目与要求；
9. 正确描述主要汽车网站的站名及其特点。

技能目标

1. 会分析汽车维修企业管理工作的业务流程；
2. 会根据本企业管理的实际情况和需要，对照具体管理软件的业务流程和功能，正确选择合适的管理软件；
3. 会利用主要搜索引擎搜索相关资料；
4. 会利用主要汽车网站查找汽车技术资料。

课题一　汽车维修企业管理总体框架

一个汽修企业要实施计算机管理，首先要确定计算机管理的基本目标，制定较详细的规划，然后与计算机软件公司充分交流，确定汽车维修企业计算机管理的总体框架，设计使用计算机管理后的业务流程。作为汽车维修企业维修业务管理的基本框架，一般包括业务接待、车间管理、配件管理、工具管理、结算

收款、客户服务、统计分析等内容，作为企业全面管理的延伸框架，通常还应包括财务管理、人事管理、办公管理、设备管理、知识管理、考勤管理以及呼叫中心管理等内容。企业管理的业务流程是汽车维修企业设计和选择计算机管理软件的基础。下面是几家典型软件公司的软件流程图。

一、清华怀远软件流程图

清华怀远汽修汽配系统软件流程如图 2-1 所示。

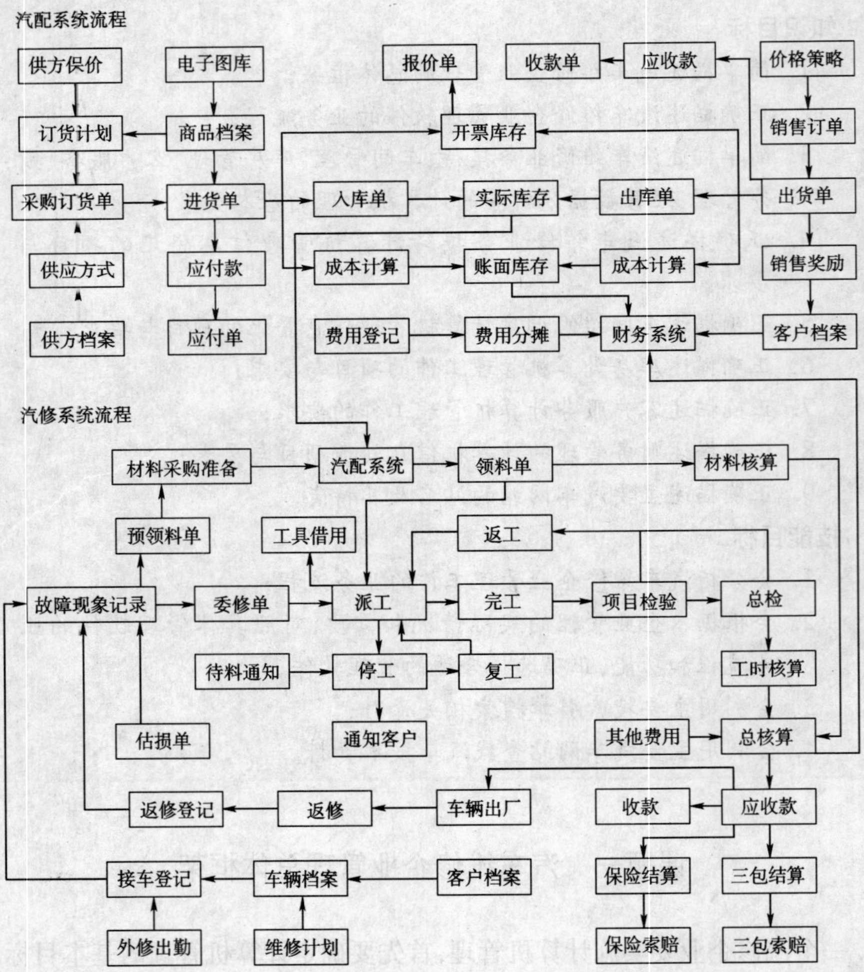

汽配系统流程

供方保价 订货计划 采购订货单 供应方式 供方档案
电子图库 商品档案 进货单 应付款 应付单
报价单 开票库存 入库单 实际库存 成本计算 账面库存 费用登记 费用分摊
收款单 应收款 出库单 成本计算 财务系统
价格策略 销售订单 出货单 销售奖励 客户档案

汽修系统流程

材料采购准备 预领料单 故障现象记录 估损单 委修单
汽配系统 领料单 材料核算 工具借用 返工 派工 完工 项目检验 总检
待料通知 停工 复工 通知客户 工时核算 其他费用 总核算
返修登记 返修 车辆出厂 收款 应收款
接车登记 车辆档案 客户档案 保险结算 三包结算
外修出勤 维修计划 保险索赔 三包索赔

图 2-1 清华怀远汽修汽配系统软件流程图

二、元征汽车维修管理业务流程图

元征汽车维修管理业务流程如图 2-2 所示。

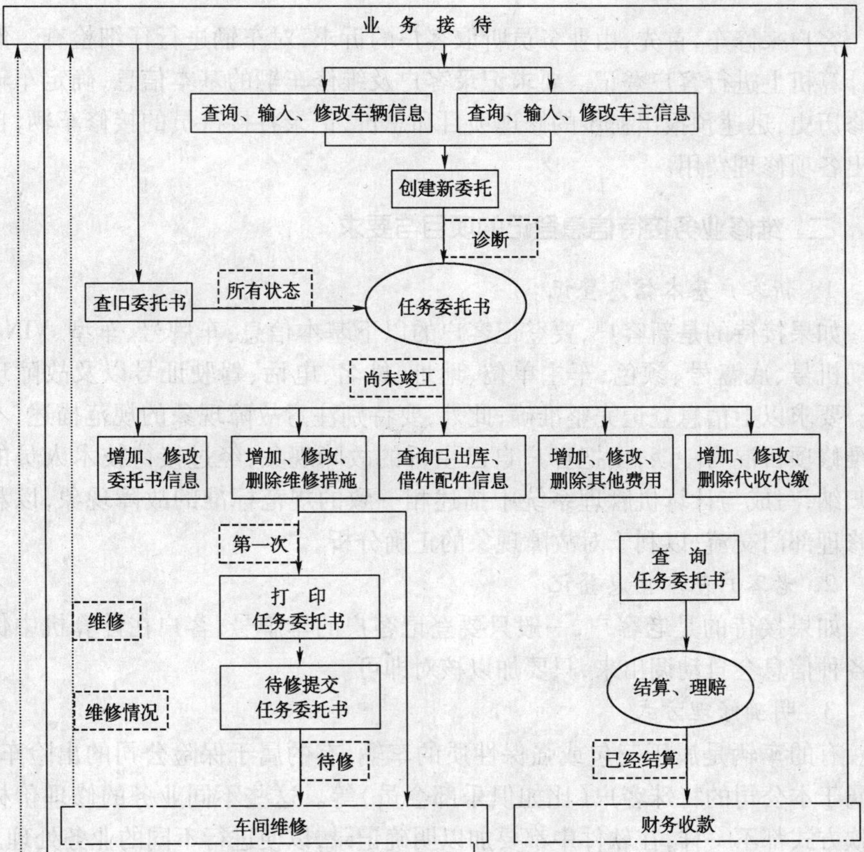

业务接待
查询、输入、修改车辆信息
查询、输入、修改车主信息
创建新委托
诊断
查旧委托书
所有状态
任务委托书
尚未竣工
增加、修改委托书信息
增加、修改、删除维修措施
查询已出库、借件配件信息
增加、修改、删除其他费用
增加、修改、删除代收代缴
第一次
打印任务委托书
待修提交任务委托书
待修
维修
维修情况
查询任务委托书
结算、理赔
已经结算
车间维修
财务收款
尚未竣工
查询任务委托
工时分配
增加、修改、删除工时分配
已经竣工
车间竣工

图 2-2　元征汽车维修管理业务流程图

课题二　维修业务接待的计算机管理

一、维修业务接待的计算机管理工作基本要求

客户来修车，首先，由业务员听取客户的诉求，对车辆进行仔细检查。然后在计算机上进行客户登记。要求记录客户及维修车辆的基本信息，确定车辆的维修历史，迅速预报出初步的修理项目和总价，记录各接待员的接修车辆，自动报出各项修理费用。

二、维修业务接待信息登记的项目与要求

1. 新客户基本信息登记

如果接待的是新客户，要登记客户的以下基本信息：车牌号、车型、VIN 号、发动机号、底盘号、颜色、车主单位、地址、姓名、电话、驾驶证号以及故障现象等。要求以上信息登记完整准确；此外，要特别注意故障现象的规范描述，不要与维修项目混为一谈，要把客户自己主诉的故障现象，经过接待技术人员的整理归纳，写成与计算机管理系统中描述相一致的规范标准的故障现象，以利于与修理部门交流，以利于对故障现象的正确分析。

2. 老客户基本信息登记

如果接待的是老客户，一般只要登记客户的车牌号，客户在计算机中保存的各种信息会自动调出来，只要加以核对即可。

3. 明确修理方式

有的车辆是属于三包或强保性质的车辆，有的属于保险公司的出险车，有的属于本公司的特殊客户（比如俱乐部会员）等。这些不同业务的修理价格或付款方式都不一样，在软件中都要加以明确记录，以便进行不同的业务处理。

4. 记录随车附件

车主的车辆进厂的状态及随车附件要加以记录，以免出厂时与车主交接不清。当然，随车附件的种类应当是可以灵活定义的。

5. 确定计划修理项目和计划材料清单

接待技术员，从客户主诉的故障现象，经过仔细的外在检查，大致确定车辆的维修项目和维修材料清单，并把这些初定的维修项目和相应的计划维修材料单写入委托修理单上，与客户确认这些项目的价格。不同的客户自动享受不同的价格。当然，这时的修理项目和材料清单只是预定的计划修理项目和材料清单，可以在修理阶段，在计算机里，通过对加修和减修的记录，进一步明确修理项目。

6. 预估金额和修理定额

通过预估的材料单和修理单价格的合计，再加上相应的管理费、税金或其他费用，预估修理金额，在此基础上与车主商量修理费用的最高定额并在计算机上加以记录。在实际修理时，超出这个定额时，必须得到车主的认可。

7. 客户预约登记

有的老客户，来修车前，可能先给我们打一个电话，咨询或预约修理时间。在计算机中进行预约登记，我们可以有更好的工作计划性，搜集客户更多的信息，给客户更好的服务。

8. 老客户维修档案查询服务

修车和治病类似，如果有一份类似病历一样的修理档案可以查询，对于正确判断车辆故障和确定维修方法有很多好处。这份档案要求保存在计算机管理系统中。我们可以查询这辆车的故障历史记录、修理历史记录、用料历史记录等。

9. 老客户的维护提醒服务

现在，随着汽车技术和市场的变化，车辆维护的市场比重在上升，车辆修理的市场比重相对减少，因此，如何吸引客户来企业进行维护保养，显得十分重要。维护市场的开拓，也会带来修理的客户。

车辆维护的特点是必须定期进行。多少公里应当换机油、换三滤、换蓄电池等，对客户而言，是一件很容易遗忘，但又必须进行的工作，我们可以通过计算机帮助客户管理这些信息。每当客户来做维护时，计算机管理系统都可以记录这辆车的里程数和时间，这样计算机就可以算出这辆车平均每天的行驶里程，进一步算出某项维护的下次时间。每当客户来修车的时候，可以查询客户车辆需要维护的项目，主动提醒客户。

10. 打印维修合同

维修合同又叫委托修理合同或接车单。打印维修合同书。一般为三份，车主一份，业务员一份，车间一份。

课题三　车间的计算机管理

一、车间调度工作的基本要求

车间得到委修单后，开始进行维修调度，生产调度中心诊断故障、确定具体的修理工艺及项目，安排工作给各个班组，且进行跟踪检验。在车辆进行修理的过程中，计算机跟踪记录各班组具体的维修工艺、材料及设备的使用情况。

二、维修调度工作信息处理的项目与要求

1. 显示监视待修车辆的状态

在计算机管理下，所有转到修理车间而未修理的车辆，都清清楚楚地用特殊颜色标示出来，调度员很难忽略过去。在派工单上，每辆车是否派工、是否完工、是否停工，全部用不同颜色明确清晰地显示出来。同时，在计算机管理系统中，还明确记录转交车的时间和车间接车人的姓名。接车人一般就是调度员，必须很快将车辆的维修任务安排到维修班组或修理工，并在计算机管理系统中，记录派工时间。计算机管理系统，还可以对用工时间进行考核。

2. 派工

将某个项目委派给维修班组或某个修理工修理就是派工。派工时，可以通过计算机查询每个修理工的工作状态。派工时，应指定该工人可以得到的劳动工时，工人可以按劳动工时得到劳动报酬，在计算机上加以记录。一个项目可以同时派几个工人，比如一个师傅和一个徒弟，劳动工时在他们之间自动按照规定的比例加以分配。

3. 打印派工单

工人干活，应有明确的指令，这就是调度通过计算机系统打印的派工单。派工单应当是每个工人每次派工一张，上面明确标明工作内容、工时、派工时间等。工人凭单工作，明确直观，对自己应得的劳动报酬也心中有数。工人对每张派工单都要小心保管，在月末，可以与会计核对自己应得的奖金金额。

4. 拆检后的加修和减修

再高明的接待工程师，也无法在未拆检的情况下，确诊所有故障原因。只有通过拆检，才能彻底发现问题的原因，决定修理方法。

拆检后，如果发现原委修单上没有确定的维修项目，则可以按实际需要增加维修项目，在软件中记录为“加修”的项目。这些项目如果价格较高，应通知前台业务员，与车主联系，得到认可。在计算机管理系统中，对加修项目先做停工处理，停工原因是“等待客户答复”。

拆检后，如果发现原委修单上确定的维修项目没有必要修理，那么可以减少修理项目，在软件中记录为“减修”的项目。在结算时，应当向客户说明。

5. 停工

一个修理项目停工，为什么停工，什么时间停工，计算机管理系统应当对停工时间和停工原因做明确的记录，以便追究责任和进行统计分析。

停工原因，除了正常的下班、午休、开会之外，主要有以下几种：

停工待料:修理所需材料短缺。这时责任转移到材料部门,材料部门应当立即组织采购。如果待料时间超过规定,那么就应当追究材料部门的责任。

停工待客户答复:修理中出现涉及金额较大的加修项目或材料,这时应当向客户请示,决定是否继续修理。这时的责任转移到业务接待部门,业务员应当马上与客户联系,通过电话、传真或本人签字,获得认可。如果该项等待时间超标,就应当追究前台业务员的责任。

停工待设备:修理中缺所需设备,原因可能是设备被占用、设备待修理或没有该设备。这时的责任就转移到技术部门(或设备维护部门)。技术部门应当仔细分析各种原因,对设备进行添置、修理、租借、进行更好的调度。计算机管理系统应明确记录所需设备的名称、原因,以便对各类设备的负荷情况、完好状态有更多的了解。

项目交叉:有时一个修理工的一个修理项目没有完工,另一个更紧急的工作又安排下来,现有的工作只好暂时停下来,这属于正常停工。要求调度员在安排工作时,尽量避免这种情况。

个人原因:可能是突然的生病、工伤、事假等。可以对此进行分析,或加强劳动保护或加强劳动纪律。

6. 复工

如果需采购的材料来了,或损坏的设备修好了,客户同意加修项目的信息反馈回来后,就可以继续修理这个项目。计算机应记录具体复工的时间。

7. 项目完工与项目检验

工人完成一个修理项目后,应当很快地向调度员报告项目完工。调度员则立刻在计算机上对这项工作标为"完工"状态,同时记录完工时间。这样,工人的工作状态又重新变为"空闲",调度员可以重新给其派工,同时也可以安排对已完工的项目进行检验,并记录检验人和检验时间。

8. 总检

如果所有的修理项目都已经完工检验了,那么应对车辆进行总检,在计算机系统中应记录总检时间和总检人。车辆总检后,即可转为完工。

课题四　库房的计算机管理

一、库房计算机管理工作的基本要求

在修理厂,库房管理是一项复杂而重要的工作。如何储存合理数量的零件即可以满足基本要求,又不占用过多的资金,是计算机管理的重要任务。计算

机系统能完成订货入库、出库及库存管理,对修理车辆领用材料进行跟踪,科学分析各种材料的使用量,确定最佳订货量,确定配件管理部门的应收、应付账款,保存准确的零件存货清单等功能。

二、库房计算机管理工作的项目与要求

1. 零件档案

计算机管理系统应建立零件目录。对零件的各种属性加以记录。零件的主要属性包括零件的商品编号、商品名称、原厂编号、适用车型、产地、质量、价格、库存量及互换情况等。

2. 零件的进货与入库

记录进货的零件种类、数量、价格等。对进货单进行入库、付款。如果质量有问题,做退货处理。零件入库可按入库方式分采购入库、订货入库与其他入库三种情况分别设置处理。

3. 仓库货位管理

混乱的库存货位管理将会给工作带来极大的不便,也会给企业造成极大的损害。运用计算机管理软件对货位进行管理就会变得十分方便。计算机管理软件对商品的规定货位、后备货位及实际货位进行管理。我们通过计算机对零件的实际存放位置一目了然,零件不会再丢失,业务不再依赖库管员。同时,我们通过计算机也很容易列出那些实际货位与规定货位不一致的材料,找出原因,以便调整规定货位,使规定货位更合理。而且,我们还可以通过计算机列出空货位及其体积,以便更好地提高仓库的空间利用率。

4. 修理领料与退料

修理领料通常分为零件领料和车间领料两种。零件领料通常会与维修工单联系在一起,在车辆修理过程中,由修理工来领。有一些修理领料,属于车间公共耗材,如棉丝、润滑脂、清洁剂等,称为车间领料。在计算机上,零件领料应记录领料的工号、品种、价格、领料人等。车间领料则不记录工号。领料后没有使用可以退料,在计算机上应加以记录。

5. 对外销售与销售退料

有些修理厂的库房也对外销售配件,很多修理厂采用了前店后厂的模式。对外销售,可以利用软件制作销售单和销售订单。计算机软件能处理对外销售中的定价、返利、含税或不含税、发票种类、紧急销售等各种业务。客户采购时,有时要求将采购的材料不是一次发出,而是分批次发出。这样,就要在计算机上制定交货计划、记录交货情况。

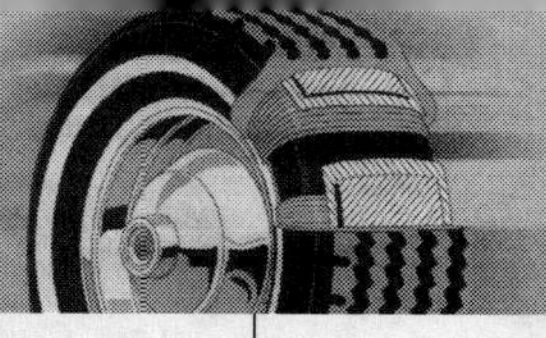

6. 零件的快速查找

汽修厂零件的品种多、车型杂、数量少、编码很难规范，有时还和旧料混在一起。其库存管理比较复杂，零件查找比较困难。运用计算机管理就显得非常必要和行之有效。运用计算机查询零件的方法主要有以下几种：

(1) 使用零件编码查询。一般情况下，运用零件编号(商品编号)的头几位在计算机系统中进行查询。有些车型的零件，我们一般能记忆的不是从头开始，而是从第 4 位开始，比如奥迪车型系列的零件，或者从第 5 位开始，比如日产系列的零件。因此，计算机管理系统也支持从零件编号中的某几位查询的功能。有时汽车厂的零件编号经常发生变化，一个新的零件，有新旧两个零件编号。而修理工或材料员只知道旧零件编号。所以，要求计算机可以支持使用旧零件编号查询。零件还有厂家编号，为了方便向零件的生产厂家订货和交流，计算机也支持使用厂家编号查询。

(2) 使用零件名称查询。零件名称的叫法往往都不规范，如“大灯”的叫法就有“前大灯”、“左前大灯”、“大灯(左)”等。所以，在使用零件名称查询时，支持模糊查询的方式，即只要打入一个“大灯”，所有零件名称中包含“大灯”的所有零件就会自动跳出，供我们选择。同时，也支持按照零件的别称查询，如果我们在零件中的常用名称中查不到这个零件，那么，可在零件别称中试试看。

(3) 使用零件拼音字头查询。输入零件名称的汉字，需要使用五笔字型或各种拼音输入法，对于普通的业务员而言，还是比较复杂，或者太麻烦。这种情况下，可输入零件拼音字头查询，比如对于零件名称“刹车分泵”四个汉字，不必输入“shachefenbeng”这样 13 个字母，只要输入“scfb”四个汉字的拼音的第一个字母即可，或者输入“sc”也可以。

(4) 使用复合条件查询。在使用零件名称或拼音字头查询，都会冒出一大群候选零件的名称。比如我们输入“密封圈”作为查询条件，不同规格、不同车型、不同年款的密封圈，都会蜂拥而至，让我们犯晕。如果再给出一个“车型”或“规格”条件，就会大大排除那些不着边的零件，缩小候选者的数量。将两种或多种条件作为查询条件，就是复合查询条件。常用的复合查询条件有：

车型加零件名称；

车型加零件名称的拼音字头；

年款加零件名称；

零件名称加规格。

7. 工具和仪器管理

在汽修厂，工具的管理也是最令人头疼的事情之一。有些工人的工具乱丢、乱放、互相乱借乱拿，丢失了也不知道责任归谁。一般汽修厂要求每个修理工保存自己的工具，甚至买下自己的工具或缴纳一定的押金，都是有效的管理方法。但有些贵重的工具和仪器，不可能人手一件，应当放在库房管理，用的时候，履行借出借入手续。在计算机管理系统中，建立一个工具库，对工具的购入、借出、归还、损坏等情况都加以记录。

8. 零件采购渠道管理

计算机管理系统能向我们提供供应商管理和选择最佳供应商的方法。在计算机管理系统中，将每种材料的供应商的名称、供应价格、质量评价、交货日期、交货地点、是否允许赊账销售等信息大量输入计算机中，然后我们对其进行比较，就能容易地从中指定出每种零件的首选供应商。

对于每个供应商所提供的零件的质量评价应来自于修理部门和客户的反馈。

供应商的信息主要来自于平时收集。展销会上收集的报价单、推销员送来的广告等，作为重要的信息来源，录入到计算机系统中。每次进货的信息，也会自动成为供应商的信息。

每次从某个供应商进货时，零件的价格就会自动定义为上次从这个供应商的进货价格。如果进货价格有变化，或超越一定限度，系统会给出指示或警告。

一般情况下，采购员应当从首选供应商处采购相应的零件。如果采购员的采购渠道和价格有异常，就很容易查询出来，采购员必须给出合理的解释。

9. 零件采购数量管理

当前许多汽修企业的零件的积压现象比较严重，造成了巨大的资源浪费。其中很重要的原因就是低水平的零件库存管理方法，没有合理的采购计划。合理订货量和库存量的影响因素是非常复杂的，靠人工控制是难以做到的。运用计算机能够帮助企业制定比较精确的采购计划。计算机通过精确地引用当前库存量、订货周期、交货期、零件重要级别，季节因素、广告因素等十几种因素，计算最佳采购计划量。

10. 零件的成本核算与管理

一个进口汽车零件进价 400 元，售价 500 元，差价 100 元，毛利 25%，利润已经不错了。但是，我们为此付出了海关税 50 元，运输费 10 元，保险费 3 元，广告费 2 元，铺面租金 2 元，销售人员奖金、工资 20 元，银行利息 1 元，管理人员工资 10 元……等，我们很快发现实际上是亏本的。如何合理地将零件进价以外的费用分摊到每一个零件上，对于核算每种零件的成本、利润，制定售价，有着很大的意义。但很多企业从没有做过这种核算，老板的心中只有一本总账，只有总的盈亏额概念，不知道真正赚在哪里，赔在哪而，不知道成本控制从何做起。很多企业就这样糊里糊涂地亏了，垮了。

对于不同的费用有不同的成本分摊方法。比如商品的保险费,往往是按照商品的价值支付,因此按照金额权数分摊比较合理;对于运输费,一般按商品的重量支付,因此按照商品的重量权数分摊运输费;仓库保管费,按照商品的体积支付,因此适合采用体积权数分摊法;对于海关税金,应当使用海关税率权数进行分摊等。可见成本分摊的方法是相当复杂的。很多企业也不是不知道成本分摊的重要性,而是力所不能及。因为利用手工分摊成本,其计算既烦琐,又易出错。使用计算机软件计算,为成本分摊计算提供了强有力的手段。利用计算机可以分摊任何费用,支持按照金额权数分摊、海关税率分摊、重量分摊、体积分摊,以至可能按照维修企业随意指定的任意方法分摊。

课题五　客户服务系统

一、客户服务工作的基本要求

随着激烈的市场竞争,对于汽车维修企业来说,资金、规模、技术、价格已不代表一切。为了取得竞争的成功,每个企业都希望为其产品增加"价值",以使自己与其他竞争者区分开来,以争取和保持越来越多的客户,而最有效的方法就是提供个性化服务和建立一支维系客户的优秀服务队伍。

建立优秀的客户服务队伍的基础是优秀的员工素质和严格的工作要求。

1. 客户服务工作人员素质要求

(1) 心理素质要求:

① "处变不惊"的应变力。所谓应变力是对一些突发事件的有效处理,特别是在处理一些恶性投诉的时候,要处变不惊。

② 挫折打击的承受能力。客户服务人员经常会被客户误解,客户有时会迁怒于客户服务人员,则需要客户服务人员有承受挫折打击的能力。

③ 情绪的自我掌控及调节能力。不要把某个客户带来的不愉快转移给下一个客户。

④ 满负荷情感付出的支持能力。就是对每一个客户都提供最好的服务,不能有保留。

⑤ 积极进取、永不言败的良好心态。客户服务人员在自己的工作岗位上,需要不断地去调整自己的心态,遇到困难,遇到各种挫折都不能轻言放弃。

(2) 品格素质要求:

① 忍耐与宽容是优秀客户服务人员的一种美德。忍耐与宽容是面对无理客户的法宝,是一种美德。客户服务人员需要有包容心,要包容和理解客户。

真正的客户服务是根据客户本人的喜好使他满意。

② 不轻易承诺,说了就要做到。客户服务人员不要轻易地承诺,随便答应客户做什么,这样会给工作造成被动。但是客户服务人员必须要注重自己的诺言,一旦答应客户,就要尽心尽力去做到。

③ 勇于承担责任。客户服务是一个企业的服务窗口,应该去包容整个企业对客户带来的所有损失。因此,在客户服务部门,不能说这是那个部门的责任,一切的责任都需要通过客户服务人员把它化解,这就叫勇于承担责任。

④ 拥有博爱之心,真诚对待每一个人。这个博爱之心是指"人人为我,我为人人"的那种思想境界。做到这一点的人不是很多,日本在应聘客户服务人员面试的时候,就专门聘用有博爱之心的人。

⑤ 谦虚是做好客户服务工作的要素之一。一个客户服务人员需要有很强的专业知识,什么都要懂,什么都要会,特别是汽车维修的人员,靠的是专业知识,靠技能提供服务。在这个领域,汽车维修人员可能是专家,客户可能会说出很多外行的话。如果客户服务人员不具备谦虚的美德,就会在客户面前炫耀自己的专业知识揭客户的短,这是客户服务中很忌讳的一点。

⑥ 强烈的集体荣誉感。客户服务强调的是一个团队精神,企业的客户服务人员,需要互相帮助,必须要有团队精神。每个人所做的一切,不是为表现自己,而是为了能把整个企业客户服务工作做好。

(3) 技能素质要求:

① 良好的语言表达能力。良好的语言表达能力是实现客户沟通的必要技能和技巧。

② 丰富的行业知识及经验。丰富的行业知识及经验是解决客户问题的必备武器。不管做哪个行业都需要具备专业知识和经验。不仅能跟客户沟通、以理服人,而且要成为产品的专家,能够解释客户提出的问题。如果客户服务人员不能成为业内人士,不是专业人才,有些问题可能就解决不了。作为客户,最希望得到的就是服务人员的帮助。因此,客户服务人员要有很丰富的行业知识和经验。

③ 熟练的专业技能。熟练的专业技能是客户服务人员的必修课。每个企业的客户部门和客户服务人员都需要学习多方面的专业技能。

④ 优雅的形体语言表达技巧。掌握优雅的形体语言表达技巧,能体现出客户服务人员的专业素质。优雅的形体语言的表达技巧指的是气质,内在的气质会通过外在形象表露出来。举手投足、说话方式、笑容等,都表现出是否是一个专业的客户服务人员。

⑤ 思维敏捷,具备对客户心理活动的洞察力。

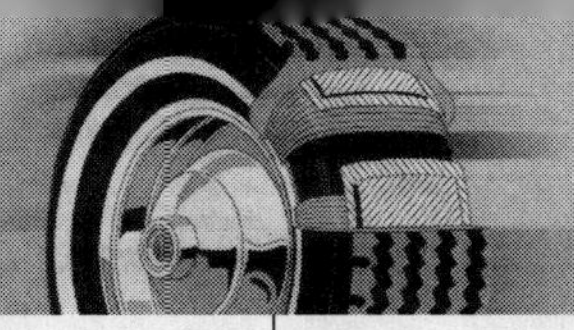

⑥ 具备良好的人际关系沟通能力。客户服务人员具备良好的人际关系沟通能力，跟客户之间的交往会变得更顺畅。

⑦ 具备专业的客户服务电话接听技巧。专业的客户服务电话接听技巧是客户服务人员的另一项重要技能，客户服务人员必须掌握，怎么接客户服务电话，怎么提问。

⑧ 良好的倾听能力。良好的倾听能力是实现客户沟通的必要保障。

2. 客户服务工作基本要求

(1)“客户至上”的服务观念。“客户至上”的服务观念要始终贯穿于客户服务工作中，因此，需要具备一种客户至上的服务观念，整体的服务观念。

(2) 工作的独立处理能力。优秀的客户服务人员必须能独当一面，具备工作的独立处理能力。一般来说，企业都要求客户服务人员能够独当一面，也就是说，能自己去处理很多客户服务中的棘手问题。

(3) 各种问题的分析解决能力。优秀的客户服务人员不但需要能做好客户服务工作，还要善于思考，提出工作的合理化建议，有分析解决问题的能力，能够帮助客户去分析解决一些实际问题。

(4) 人际关系的协调能力。优秀的客户服务人员不但要能做好客户服务工作，还要善于协调同事之间的关系，以达到提高工作效率的目的。人际关系的协调能力是指在客户服务部门中，如何和自己的员工、自己的同事协调好关系。有的时候，同事之间关系紧张、不愉快，会直接影响到客户服务的工作效果。

二、客户服务计算机信息处理的项目与要求

汽车维修企业的客户不仅包括购买配件的顾客、要求维修车辆的车主或单位，还包括维修企业的供货商和本行业的合作伙伴。

客户服务的工作有如下几类：

(1) 及时与客户进行沟通，与客户建立良好关系，急客户之所急、想客户之所想；

(2) 维护客户资源，防止客户流失；

(3) 为客户提供产品后续服务；

(4) 了解客户市场需求，为其他部门提供反馈信息，以改进服务或开发新产品；

(5) 利用客户资源优势，开发新客户；

(6) 向客户推广新产品、新项目；

(7) 了解客户的建议、投诉、需求等，并协调跟进处理；

(8) 为客户提供其他可能性服务。

一般来说,客户服务工作在管理软件中用计算机进行处理的项目有如下几项(不同的软件略有差异):

1. 客户(会员)档案的建立和修改

先对客户(会员)进行分类和设定级别,记录其基本信息和账户信息,如客户的姓名、单位、联系地址、邮编、生日、身份证、联系方式、登记日期、配送线路、维修付费方式(保险、单位支付或自费)、账户号码和信用等级等。

若是会员时,还要对会员卡的售价、余额、积分、折扣、申请日期和有效日期等进行记录。

作为会员,企业可对其开展多种优惠服务以吸引和扩大客户群,例如:如果会员的汽车在行使途中抛锚,可以予以免费拖车;如果会员需要租车时,可以享受免费或优惠价格租车及免费或优惠价格的加油;在会员的车辆进行维修保养时,所需配件可以享受价格上优惠;在其生日那天送上一个生日卡,一束鲜花或一份生日礼物等。

2. 车辆档案的建立和修改

对客户车辆的基本情况和维修保养情况进行记录,如购车和修车的时间、车的型号、维修时间及使用期限等数据。

3. 客户投诉

对客户来电、来信、现场投诉进行记录,如投诉人、投诉日期和时间、投诉原因和内容,确定是哪个维修单位维修的,以及车牌号、车型等,并对投诉事项进行处置和及时将落实情况传达给客户。

如果问题得到解决,就可能有 54% ~70% 的顾客会回头;如果问题得到快速解决,就可能有 95% 的顾客会回头。平均而言,顾客会将自己的不满告诉周围 9 ~10 个人,13% 的人会告诉周围 20 多个人,投诉得到满意解决的顾客会将此经历告诉 5 个人。所以为了维护企业的利益,客服人员一定要站在客户的立场上理解问题并热情接待,做好客户投诉接待工作,以提高客户的满意度,使企业的客户群不断扩大。

4. 客户回访

对回访方式、客户名称、客户电话、回访日期、回访人、回访的开始和结束时间等进行记录,并计划好下次回访时间以便系统管理软件自动提醒。

回访大约有以下的内容:

(1) 请问您在某某时间进厂维修的车辆现在能正常使用吗?

(2) 请问接待人员的态度好吗?

(3) 请问车辆是在约定的时间内修好的吗?

(4) 请问您的车辆是否一次就修好吗?

(5) 请问您的车辆修理完毕后,工作人员有没有对您的车辆进行清洗呢?

(6) 请问在汽车零件质量及修理工时收费方面,您觉得合理吗?

(7) 请问您对我们的服务还有什么意见或者建议吗?

答案一般为肯定或否定,或者有两三个等级让客户选择就行了,不能耽误客户太多的时间。

在征求客户对修车的意见的同时,还可以征求客户对新车或二手车的购买意向,提醒会员如何自己进行车辆维护以及相关的注意事项等。

5. 客户消费统计

在此可以看到客户在本企业所有的消费统计,以此来提升或降低客户的级别(或者换发高级别或低级别的会员卡),在结款时据此进行优惠。

6. 客户流失分析

在此可看到按地区、车型、客户、维修类别等,以及是否涉及价格、是否主动流失等多角度组合统计,分析流失的类型是属于自然流失(客户身亡、破产、搬迁、车辆转让等)、恶意流失(客户恶意欠费后离开)、竞争流失或过失流失(企业过失)的哪一种,分别再采取相应的措施。若是竞争流失则可以在进行成本分析后,用进攻策略、防守策略或撤退策略来应对竞争对手的影响;若是企业本身的过失造成的流失,则可以用以下的措施来应对:

(1) 以"优质"的标准提供"一对一"的超值服务;

(2) 与客户建立朋友关系;

(3) 给顾客戴上一副诱人的"金手铐";

(4) 满足客户"喜新厌旧"的需求;

(5) 树立良好的企业形象;

(6) 号召全企业共同努力。

三、客户服务系统

提供优质的客户服务,主要体现在新客户开发的措施落实、老客户的跟踪回访和车辆维修提醒等方面。

1. 客户开发

创造让客户满意的工位环境,训练让客户满意的工位人员,开发客户的维修项目,在工位上进行营销,并让每个员工掌握营销技巧,采用 IC 卡系统管理,提高维修企业在客户心目中的形象和档次,采取有效措施,增强客户满意度,赢得客户的信任,达到吸引客户长期在本企业进行维修的目的。

2. 客户跟踪服务

提供完善的客户档案管理,包含详细的新、老客户信息及维修记录,拟定周密的跟踪回访计划并进行落实。

3. 客户提醒

在对客户车辆的基本情况和维修情况进行详细记录的基础上,明确哪些客户的车辆应该进行跟踪维护,哪些客户的车辆应该进行定期维修,适时更换必要的配件,哪些客户的车辆应该到了更新换代的时候了等。按照规定的程序,在规定的时间,通过电话、传真、短信、电子邮件等方式,与客户取得联系。

课题六　财务管理的基本要求

现代企业财务管理是企业管理的重要组成部分,它是根据财经法规制度,按照财务管理的原则,组织企业财务活动,处理财务关系的一项经济管理工作。现代企业财务管理是在传统财务管理基础上发展而来,与封闭、事后、静态为主要特征的财务管理有很大差异,它更强调事前预测、事中控制和事后分析,已成为企业管理的中心,为企业的决策和资金的有效运用提供强有力的帮助。

一、财务管理工作的基本要求

财务管理工作的基本要求是企业的各项经费收支要严格执行国家财务制度,财务人员严格按照《会计法》及有关制度规定,做好各项财务收支的计划、控制、核算、分析和考核工作,及时、准确、完整地记录、计算、反映财务收支情况;依法合理筹集资金,有效利用企业各项资产,努力提高经济效益;依法计算和缴纳国家税收;保证投资者权益不受侵犯,定期向投资者、债权人、有关政府部门以及其他报表使用者提供财务报告,做到"凭证合法、手续完备、账目健全、数字准确";要严格遵守财经保密制度,妥善保管好财务人员的登录账号、密码及其他会计资料;设置各种人员的财务操作权限。

另外,财务管理和工作人员要具有熟练的文字处理和使用会计软件的能力,并掌握一定的计算机主流操作系统和互联网的使用操作方法。

二、财务管理的计算机信息处理项目与要求

财务管理是一个循环过程,一般来说它应与本企业的生产周期相吻合,它应包括财务预测,财务计划,财务核算,财务监控,财务分析五个环节。利用软件很容易实现财务监控、财务分析和财务检查,如在软件中对财务数据的运行设置规则,对企业的经济活动和财务收支的合法性和合理性进行自动检查与监

督等。

财务管理活动包括资金的筹集、投放、耗费、回收和分配五个方面。资金的筹集制约着企业的规模和发展；资金的投放决定着企业的发展方向和潜力；资金的耗费关系着企业的生产成本和竞争能力；资金的回收影响企业的偿债信誉和资金周转；资金的分配决定企业的消费和积累，以及投资者、经营者、员工等各方利益。由此可见，财务管理任何一方面决策都对企业的生存和发展起着重大的作用。

财务管理与企业其他管理的关系也日益密切，并渗透于企业管理的各个方面，这不仅表现在与其他部门资金往来方面，而且其他部门的决策也要听取财务部门的意见，接受监督。加强财务管理，实现资本的保值、增值具有其他部门不可替代的作用，财务管理处于企业管理的中心地位，抓住了财务管理，就抓住企业管理的关键。

财务管理的计算机信息处理项目有如下几项（不同的软件略有差异）：

1. 收款及收款单浏览

在“修车结算单”中，可以看到计划的工时费、材料费和合计，实际的工时费、材料费和合计，如果对实际的工时费和材料费合计没有异议，客户一次性全部付款，那么在选择了经手人，点击保存后，收款结算就完成了。

点击系统主菜单“财务管理”的下拉菜单，选择“收款单浏览”，输入条件后，就可以查询到符合条件的收款单。

有些客户往往会延时付款，占用公司的流动资金，虽然，通过这种方式，可以笼络客户，但也存在巨大呆账风险。所以，应通过多种方式控制应收款的产生和大小：

(1) 通过给每个客户设置信用额度，保证对一般客户不赊账，特殊客户的赊账金额有控制；

(2) 监控每个客户的赊账总额，在连锁店情况下，一个客户的赊账额是其在所有分店的赊账总额；

(3) 监控每个客户的每笔应收款的账龄。

2. 付款及付款单浏览

在“进货单”中，点击『付款』按钮进行付款。

点击系统主菜单“财务管理”的下拉菜单，选择“付款单浏览”，输入条件后，就可以查询到符合条件的付款单。

几乎所有汽修企业，都会希望能够占用一部分供应商的资金。但如果占用供应商的资金太多，又会影响公司的信誉，所以，应计算和控制每个供应商的回款率，保持一定平衡。

3. 预收预付/前期应收应付

点击系统主菜单"财务管理"下拉菜单,选择"预收预付款和前期应收应付款",可以登记客户或供应商的预收预付款,也可以登记前期的应收应付款。

在连锁经营中,客户的应收应付预收预付款,应统一控制,同时,对于每个分店可以产生的应收应付预收预付总额,也应当严格控制。

4. 其他费用管理

点击系统主菜单"财务管理"下拉菜单,选择"其他费用管理",可以登记除了正常的汽配或汽修业务产生的费用和收入外,还可以登记企业中发生的其他费用或其他收入,其他收入如包装费、手续费、利息、借款等,其他支出如房租、水电、工资、奖金、办公费用、经营费用等。这个记录相当于一个现金流水账,对公司的基本财务进行记录。

三、结算的计算机管理

1. 销售单批量结款

有的客户每次购物后,不是立即付款,而是在月末或达到一定的额度后统一付款。其方法是点击系统主菜单"财务管理"下拉菜单,选择"销售单批量结算",在这里可以罗列某个客户的所有未结算的销售单和销售退货单,可以一次选中全部或多张销售单或销售退货单,全部结算。

在此也要注意控制应收款的大小。

2. 进货单批量结款

在约定好的供应商进货后可以不用立即付款,而采取批量结款,点击系统主菜单"财务管理"下拉菜单,选择"进货单批量结算",在这里可以罗列某个供应商的所有未结算的进货单和退货单,可以一次选中全部或多张进货单或退货单,全部结算。

本环节应控制好每个供应商的回款率。

3. 汽修批量结款

对信用较好的客户或单位其车辆维修后可以批量结款,点击系统主菜单"财务管理"下拉菜单,选择"汽修批量结算",选中符合条件的"维修工单"进行结算。财务人员应注意控制应收款的大小。

课题七　经营数据信息分析

随着人民生活水平的逐年提高,国内汽车保有量也正逐年攀升,汽车维修企业的竞争与经营成本也随之一直攀高。经营者谋取利润大不如以往,除维修

设备和技术外，经营者如何有效运用数据管理更是决胜的关键因素，即应对营业经营数据信息进行分析，如顾客管理、人事薪资、业绩计算、账务分析、物料进销等，皆可列入经营信息范围内，经统计提炼后供经营者做出正确的决策。

汽车维修企业采用计算机进行管理的优点是：

(1) 上层管理者可以通过计算机管理软件及时了解全厂的运作情况，从而可以对全厂各部门的工作进行统筹安排。

(2) 准确及时的统计报表大大减少了管理者主观判断上可能造成的失误，从而充分调动起全体员工的工作积极性，加强企业的凝聚力。

(3) 厂长经理们可以从繁琐的统筹安排，生产调度，统计报表中解脱出来，去争取更多的客户，带来更多更好的效益。

(4) 车辆、客户的动态跟踪可以让客户服务的相关部门掌握所有车辆以及客户的每一个细节，随时提醒客户进行维修、维护和零件的更换，体现了服务的完整性。

(5) 图表分析功能可以为工作繁忙的厂长经理们提供一个简单直观的查询功能。

一、生产经营管理工作的基本要求

生产经营管理就是对经营活动进行计划、组织、指挥、协调和激励等，其目的是利用现有的人、财、物创造出最多的社会财富和最大的经济效益，即所谓资源的利用效益。对企业的经营者而言，经营管理的主要内容和要求如下：

1. 市场调查与预测

通过对市场调查与预测，及时掌握市场的变化，把握其发展方向，为正确地规划经营战略、制订经营方针、确定企业的经营目标提供坚实可靠的依据。

2. 正确决策

对企业经营管理过程中涉及企业发展方向、发展目标、经营策略等的重大问题进行正确决策。

3. 建立企业经营体系

建立行之有效的企业经营体系，为企业的一切经营活动能全面准确地实施和开展提供可靠的保证。

二、生产经营管理工作计算机信息处理的项目与要求

企业的经营评价报告的内容一般包括以下内容：

(1) 企业财务效益状况；

(2) 企业资产营运状况；

(3) 企业偿债能力状况;

(4) 企业发展能力状况。

具体的评价指标有利润总额、净利润、主营业务利润、其他业务利润、营业利润、投资收益等。

生产经营管理工作计算机信息处理项目有如下几项(不同的软件略有差异):

(1) 汽修综合营业报表;

(2) 汽修客户流失率分析;

(3) 维修项目收入和成本统计;

(4) 维修材料结算收入和成本统计。

课题八　利用网络查找汽车维修资料

一、搜索引擎的分类及特点

搜索引擎按其工作方式主要可分为三种,分别是全文搜索引擎(Full Text Search Engine)、目录索引类搜索引擎(Search Index/Directory)和元搜索引擎(Meta Search Engine)。

1. 全文搜索引擎

全文搜索引擎是名副其实的搜索引擎,国外具代表性的有 Google、Fast/AllTheWeb、AltaVista、Inktomi、Teoma、WiseNut 等,国内著名的有百度(Baidu)。它们都是通过从互联网上提取的各个网站的信息(以网页文字为主)而建立的数据库中,检索与用户查询条件匹配的相关记录,然后按一定的排列顺序将结果返回给用户,因此他们是真正的搜索引擎。

从搜索结果的来源角度,全文搜索引擎又可细分为两种,一种是拥有自己的检索程序(Indexer),俗称“蜘蛛”(Spider)程序或“机器人”(Robot)程序,并自建网页数据库,搜索结果直接从自身的数据库中调用,如上面提到的 7 家引擎;另一种则是租用其他引擎的数据库,并按自定的格式排列搜索结果,如 Lycos 引擎。

2. 目录索引

目录索引虽然有搜索功能,但在严格意义上算不上是真正的搜索引擎,仅仅是按目录分类的网站链接列表而已。用户完全可以不用进行关键词(Keywords)查询,仅靠分类目录也可找到需要的信息。目录索引中最具代表性的莫过于大名鼎鼎的 Yahoo(雅虎)。其他著名的还有 Open Directory Project

(DMOZ)、LookSmart、About 等。国内的搜狐、新浪、网易搜索也都属于这一类。

3. 元搜索引擎(META Search Engine)

元搜索引擎在接受用户查询请求时,同时在其他多个引擎上进行搜索,并将结果返回给用户。著名的元搜索引擎有 InfoSpace、Dogpile、Vivisimo 等,中文元搜索引擎中具代表性的有搜星搜索引擎。在搜索结果排列方面,有的直接按来源引擎排列搜索结果,如 Dogpile,有的则按自定的规则将结果重新排列组合,如 Vivisimo。

除上述三大类引擎外,还有以下几种非主流形式:

(1) 集合式搜索引擎:如 HotBot 在 2002 年底推出的引擎。该引擎类似元搜索引擎,但区别在于不是同时调用多个引擎进行搜索,而是由用户从提供的 4 个引擎当中选择,因此叫它"集合式"搜索引擎更确切些。

(2) 门户搜索引擎:如 AOL Search、MSN Search 等虽然提供搜索服务,但自身即没有分类目录也没有网页数据库,其搜索结果完全来自其他引擎。

(3) 免费链接列表(Free For All Links,简称 FFA):这类网站一般只简单地滚动排列链接条目,少部分有简单的分类目录,不过规模比起 Yahoo 等目录索引来要小得多,如"好 123 网址之家(www. hao123. com)"中"实用酷站分类精选"的"汽车"分页,其分为"汽车资讯(中国汽车网、太平洋汽车网……)"、"汽车报价(太平洋汽车报价、网上车市价格专区……)"、"车友会(奇瑞车友会、宝来车会……)"、"汽车论坛(爱卡汽车俱乐部、太平洋汽车网论坛……)"、"车厂商(上海大众、一汽大众……)"四大版块的链接分类。

由于上述网站都为用户提供搜索查询服务,为方便起见,我们通常将其统称为搜索引擎。

二、主要搜索引擎的使用方法

1. 百度 Baidu(www. baidu. com)

百度搜索简单方便,只需要在搜索框内输入需要查询的内容,敲回车键,或者鼠标点击搜索框右侧的"百度搜索"按钮,就可以得到最符合查询需求的网页内容。

输入多个词语搜索(不同字词之间用一个空格隔开),可以获得更精确的搜索结果。

2. Google(www. Google. cn)

Google 查询简洁方便,仅需输入查询内容并敲一下回车键(Enter),或单击"Google 搜索"按钮即可得到相关资料。Google 查询严谨细致,能帮助找到最重要、最相关的内容。例如,当 Google 对网页进行分析时,它也会考虑与该网页链

接的其他网页上的相关内容。Google 还会先列出那些搜索关键词相距较近的网页。

Google 只会返回那些符合全部查询条件的网页。不需要在关键词之间加上"and"或"+"。如果想缩小搜索范围,只需输入更多的关键词,并在关键词中间留空格即可。

3. 雅虎 Yahoo(cn. Yahoo. com)

雅虎在全球共有 24 个网站,12 种语言版本,其中雅虎中国网站于 1999 年 9 月正式开通,它是雅虎在全球的第 20 个网站。中文雅虎在许多人的心目中是搜索引擎的同义词,其使用方法与百度、Google 相似,并且在输入关键字后可选择"网页、资讯、知识、音乐、图片、影视、酷帖"中进行搜索(默认为在"网页"中搜索)。

旧网站(http://cn. promo. yahoo. com/minisite/testing/philips/)网站分类版块中的站点目录分为 14 个大类,每一个大类下面又分若干子类,搜索十分方便。分类目录搜索通常会比寻找单个的网站来得有效,特别当您对自己的搜索目标不太明确时。例如,若要找一个关于汽车的网站,依次点击"商业与经济"、"汽车",在打开的网页中有许多实用的汽车网站。在现在的新网站中只要在"雅虎服务"版块中点击打开"汽车"网页即可。

4. 新浪(www. sina. com. cn)

新浪的搜索使用方法与百度相似,在搜索框内输入需要查询的内容,直接敲回车键,或用鼠标点击"搜索"按钮即可。除网页外,还可以选择"新闻、本地、图片、MP3、博客"搜索进行查询,或者打开"爱问搜索"(iask. com)再进行搜索。

三、主要汽车网站

在中国主要的汽车网站如下所示:

1. 中国汽车网(www. chinacars. com)

于 1997 年 1 月开通,立足于汽车服务业,为整车生产制造商、汽车经销商、零部件供应商、汽车流通企业和汽车消费者提供专业化的网络资讯服务和电子商务服务。GPS 监控导航、物流即时通平台、网上购车、呼叫中心、移动增值服务都被纳入其业务范围之类。在中国汽车类网站中流量和收入都遥遥领先。

2. 太平洋汽车网(www. pcauto. com. cn)

太平洋汽车网开通于 2000 年 1 月,网站提供购车通道,针对厂商、经销商的数字营销服务,汽车销售服务企业管理软件、咨询服务等。其核心优势在于内容资讯的提供上,与制造商的合作也做得不错,在现阶段在内容资讯类网站

中具有一定的领先优势，其业务收入处于比较领先的位置。

3. 爱卡汽车网（www. xcar. com. cn）

XCar 爱卡汽车网创办于 2002 年 8 月，同时发行 DM 刊物《爱卡动力》；通过和各大汽车销售商、专业汽车服务机构进行合作，指导挑选或推荐给用户汽车产品和汽车服务。其核心优势在于俱乐部人气上以及优质的会员上，有 30 多万会员，这对于制造商的广告活动有很强的吸引力。

4. 网上车市（www. cheshi. com）

网上车市网站建立于 1999 年，网上车市提供汽车营销咨询、新车报价、电子商务、二手车、车贷保险、维修等服务。以北京为中心，辐射上海、天津、广东、山东、湖北等省市，和全国 1000 多家经销商保持合作关系。

5. 汽车之家（www. autohome. com. cn）

汽车之家在 2005 年 6 月正式发布，主要提供汽车内容资讯、网上报价、购车、社区等汽车相关服务。该网站在 2004 年 6 月开始调研，2004 年 12 月开始制作，2005 年 6 月正式发布，流量攀升迅速，2005 年 7 月进入国内汽车网站（包括门户在内）前 5 名，技术比较领先，具有较强的营销推广能力及信息采集能力，开始的两个月内就拥有了 30 多家合作伙伴，流量攀升迅速，现阶段依然以广告收入为主。

6. Che168（www. CHE168. com）

Che168 网站由皓辰机构于 2001 年 11 月创办，主要通过联合行业经销商提供与汽车价格信息等与汽车购买的相关资讯。Che168 联合经销商提供车市信息，现在在北京、上海、广州等九个城市有本地化的信息提供，在信息采集上具有优势，同时也组织俱乐部活动。网站有四大板块：即汽车市场商情；包含汽车参数、图片、全景等的数据库；专业的评论文章以及来自购车人、用车人和汽车厂商的互动；汽车产品报道。

7. 易车网

公司成立于 2000 年 6 月，主要的定位为购车通道，目前在国内汽车电子商务领域的收入也居于相对领先的位置。公司截至目前员工人数 140 人左右，北京总部 100 多人，其余分布在上海、广州、及武汉的分部。公司优势在于目前客户数量稳定，对全国范围内的渠道覆盖比较广。易车网营业收入主要来源于四大业务线：购车通道、针对厂商、经销商的数字营销服务、汽车销售服务企业管理软件、咨询服务。

四、资料库的建立与维护

要修好一辆车得需要维修手册、技术服务公报、维修技巧、维修窍门、波形

图、电路图以及其他许多有关的信息，找到并且使用这些资料需花费很多的时间。建立一个高效的、有针对性的汽车维修资料库，可以节省许多查找时间。

以下一些方法可以收集适用的汽车维修资料：

(1) 订购各种有关的报刊杂志、图书等纸质资料。

(2) 购买各种软盘、光盘等电子图书资料。

(3) 记录维修中遇到的各种故障、维修心得和总结等。

(4) 通过软件来建立和管理资料信息库，如用 AES 波形库来存储和管理捕捉到的故障波，并可从 AES 处购买并使用这些维修信息数据库。

(5) 打印故障扫描仪诊断过程中显示的数据参数或传输到计算机储存。

(6) 通过网络来建立维修资料信息库是另一种非常有效的办法。通过计算机网络相互交流经验和技术，用网络论坛的方式进行交流的同时，既分享了经验，又建立了维修信息数据库，以便以后使用。如国际汽车技师网(www.iant.net)这个组织致力于从业技师和行业专家间的信息共享，已有来自 129 个国家的 43000 多名维修专业人员注册为会员了。

(7) 在互联网上搜索获取的维修信息作为维修资料库的一部分。

(8) 购买现成的汽车资料库，如美国米切尔汽车维修数据库及资料。

(9) 注册成为某汽车维修资料网站成员，利用其现成的资料库，如笛威欧亚在线(个人会员或企业会员)。

有了资料后，还必须利用计算机开发工具建立一个汽车维修数据库查询系统，以便于资料的利用和维护。一般的设计方案如下：

1. 车型的选择

根据对汽车保有量的调查和已掌握的汽车维修数据的资料，该数据库中的车型以常见的载货汽车和轿车为主。

2. 数据分类

为了建立数据库和查询数据方便，将数据按汽车构造和数据性质进行分类：整车数据分为基本参数、性能参数、容量参数；汽车发动机数据分为基本参数、性能参数、结构参数、调整数据、装配数据、修理数据、螺栓螺母的扭紧力矩、润滑表；汽车底盘数据分为结构参数、调整数据、螺栓螺母的扭紧力矩、润滑表；汽车电器数据分为结构参数、调修数据等；零配件编号及互换列表。

另外，为提高工作技能及培训需要，还应建立结构原理、疑难维修方法等内容并分类。

3. 系统功能

(1) 查询及查询结果报表输出(可打印输出)。建库是以使用为目的，因此

查询功能是建立数据库系统的关键,为了查询方便和符合维修人员的查询习惯,采用选单方式提供查询。操作者只要按照需要查询的内容选择相应的选项,就能得到相应的数据参数。

(2) 修改数据功能。授权用户需要修改数据时,能随时对数据库的数据进行编辑修改。

(3) 增加车型数据功能。授权用户通过此功能可以随时添加新的车型和数据。

(4) 删除与恢复功能。授权用户利用此功能可方便地删除被淘汰的车型数据,在重新需要时,能恢复已被删除的车型数据。

(5) 系统维护。系统提供数据备份与核复、重建索引文件等系统维护功能。

(6) 数据库的安全性。数据库设有用户名和密码,用户需要对数据库进行操作时,得先输入用户名和密码,系统核查正确性,只有当输入的用户名和密码正确时,方可进行操作,并且用户可以自己修改密码。

4. 用户界面

汽车维修数据库查询系统采用直观方便的界面,如网页形式等,鼠标操作,多为下拉选择,尽量少输入文字,以方便使用。

汽车维修数据查询系统充分利用当今社会高科技手段,将计算机与网络技术应用于车辆维修行业的运作与管理当中,为维修行业、行业管理部门及广大客户带来了方便与效率,有着广阔的应用前景。

思考与练习

一、填空题

1. 汽车维修企业维修业务管理的基本框架一般包括________、________、________、________结算收款、客户服务、统计分析等内容。

2. 计算机管理系统建立零件目录时,应记录零件的属性主要包括零件的商品编号、________、________、________、________、产地、质量、库存量及互换性等。

3. 提供优质的客户服务主要体现在新客户________________、老客户________________和________________提醒等方面。

4. 财务人员应做到“______合法、______完备、______健全、______准确”。

5. 搜索引擎按其工作方式主要可分为______搜索引擎、______搜索引擎和______搜索引擎。

二、简答题

1. 维修业务接待计算机管理有哪些基本要求？新客户记录的基本信息应包括哪些内容？

2. 车间调度工作有何基本要求？

3. 库房计算机管理工作有何基本要求？

4. 客户服务计算机信息处理的项目有哪些？

5. 采用计算机进行汽车维修企业管理有何优点？

6. 中国主要的汽车网站有哪些？

三、选择题

1. 在对新客户进行信息登记时，其故障现象的描述应写成(　　)的故障现象。

A. 客户自主描述　　B. 维修项目对应

C. 与计算机管理系统描述一致

2. "爱问搜索"是(　　)网站的搜索引擎。

A. Google　　B. 雅虎

C. 新浪　　D. 百度

四、判断题

1. 如果发现原委修单上没有确定的维修项目，在软件中应记录为"加修"项目，不必通知客户。　　(　　)

2. 百度属于目录索引类搜索引擎。　　(　　)

单元三　典型汽车维修企业管理软件的运用

学习目标

知识目标

1. 简单描述元征汽车维修网络管理系统的特点、功能及其适用对象；
2. 简单描述大众汽车公司特约维修服务企业管理软件的特点和主要功能；
3. 简单描述丰田汽车公司特约维修服务企业管理软件的特点和主要功能；
4. 正确描述元征汽车维修网络管理系统界面常用按钮的功能；
5. 正确描述元征汽车维修网络管理系统的各个功能模块的操作方法和数据输入要求。

技能目标

1. 会正确进行元征汽车维修网络管理系统的登陆与退出；
2. 会正确进行元征汽车维修网络管理系统的数据初始化设置和输入；
3. 会运用元征汽车维修网络管理系统对各个工作流程进行信息输入、查询和打印等；
4. 会分析软件系统中的相关数据，解决实际工作中存在的一些问题。

课题一　元征汽车维修网络管理系统的运用

一、元征汽车维修网络管理系统的特点与功能

LAMN（元征汽车维修网络管理系统）系列是元征公司自 1999 年 2 月开始立项开发，结合数家不同类型的大中型维修企业的数年实际使用，综合出一套实用、合理、先进的维修企业管理流程，并成功以 LAMN 系列体现出来。目前 LAMN 系列能够完全满足大中型企业的内部管理信息化的需求，强化了流程控制与管理，并具有多项超前的功能如视频监控、红外扫描、LED 显示、短信发送

等，是一套将合理的业务流程与强大的计算机网络技术结合起来的信息管理系统。

1. 适用条件和适用对象

(1) 适用条件：

企业拥有至少三台电脑(不包括服务器)在内的内部局域网络。

企业需要进行内部网络化信息管理，日常业务量较大。

需要包括前台、车间、配件、结算、收款等各个部门协同分工合作以完成维修业务流程，不同部门根据各自职能获得不同的功能权限。

维修企业领导需要根据软件提供的日常运营报表对企业整体的经营情况进行管理。

(2) LAMN(元征汽车维修网络管理系统)系列分为豪华版、标准版和简易版三种，分别适用的对象如下：

LAMN 豪华版：适合于大型汽车维修企业特别是4S店。企业业务复杂程度高，并且各业务层面的信息化要求较全面，具有较强的附加要求。需要配件供应商信息管理、车主会员IC卡管理、配件条形码扫描、维修车间视频监控、维修工具管理、接车前台LED屏幕显示等附加业务功能。

LAMN 标准版：适合于大、中型汽车维修企业。企业业务复杂程度中等，信息化的要求还停留在业务层面，无其他附加信息化要求。

LAMN 简易版：适合于中型汽车维修企业。企业业务比较简单，通过软件实现公司内部简单的信息化管理要求。

2. 产品特点

(1) 信息记录完备。它包括业务接待、维修过程、结算、配件进销存、应收应付账务和客户档案等方面的信息，并保证信息的完整、准确、及时，能够为企业领导的决策提供详实、充分的数据。

(2) 业务过程清晰流畅。使企业从业务接待、派工、领料、修理、完工结算到应收应付账务管理等业务流程程序化、固定化，使业务处理标准化，降低业务差错率，提高工作效率。

(3) 功能齐全。涵盖维修企业业务接待、客户服务、车间管理、配件管理、配件销售、结算付款、信息服务、统计分析和业务报表。满足大型维修企业特别是4S店的业务需要，实现了管理的全方位化和多层次化。

(4) 融入了先进科学的管理思想。有助于企业业务流程和管理环节的优化，有助于企业经营管理者对企业经营进行精确的考核评价、正确的指挥和有效的控制。通过系统权限设置，合理分配管理点。

(5) 强大的客户服务管理功能。可由估价单转成委托单，记录意向客户信

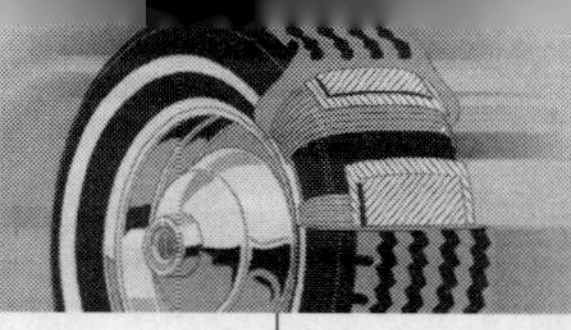

息，把握客户资源。在系统中直接给客户发送手机短信，进行客户服务和关怀活动。

(6) 操作界面友好。支持自定义主菜单栏下的快捷按钮，针对不同企业以最常用的功能设置快捷按钮。

(7) 具有图片管理功能。将车辆保险单以图片的方式保存在系统中，为每一笔维修业务提供保险单依据。

(8) 统计分析整理大量的各类数据。从配件周转分析、客户投诉分析等多方面分析业务状况，自动生成统计图表，方便管理者对业务状况和前景进行分析，做出准确的判断和决策。

3. 产品功能概述

“元征汽车维修网络管理系统”在汽车维修企业内部网络的服务器上安装本系统的服务器端，从客户端的电脑上就可以进入本系统，可给不同的操作员或员工分配不同的访问权限，操作员进行权限内的操作和管理。

通过本维修企业网络管理系统，一方面可以促进企业集团化管理，使得维修企业在管理上与国际先进管理模式接轨，同时推进维修企业管理的网络化、现代化；另一方面帮助维修企业提高工作效率，本系统解决了客户服务管理、库存管理、车间管理的问题，从而加快企业的运转，节省企业管理成本。

本系统操作简便，通过点击主菜单下的快捷图标直接进入相应的车辆维修环节。功能齐全，包括维修企业客户服务管理、车间管理、配件管理、结算业务管理、信息服务和分析报表管理等多个功能模块，涵盖了维修企业的全部业务流程。本系统支持扫描枪、读卡器、摄像机的使用，提供配件的扫描出入库、客户 VIP 卡以及维修现场的视频监控管理。同时本系统支持手机短信的直接发送——单发、群发，大大方便了企业和客户之间的即时沟通。系统还提供索赔管理功能，可以自动进行索赔结算处理。

二、系统的运行与退出

1. 登录系统

启动元征汽车维修网络管理系统，进入系统初始界面（如图3-1）。

在下拉选项中选择正确的站点名称，并填入用户代码、密码，点击『确定』按钮或按回车键，进入系统。系统初始用户代码和密码分别是“001”和“001”；如果是系统管理员，则输入初始用户和密码登录系统，其他的人员则从系统管理员处获得。

2. 系统主界面

登录系统后，显示系统主界面（如图 3-2）。

系统登录

站点名称:元征汽车维修网络管理系统演示

用户代码:001

密码:

确定(Y) 取消(C)

图 3-1　系统初始界面

图 3-2　系统主界面

主菜单栏:系统功能菜单,汽车维修管理的总控平台。

快捷图标区:可点击区域中的快捷图标直接进入相应的操作窗口。

3. 通用功能说明

(1) 常用按钮

进入操作窗口后,在窗口的顶部通常会有查询、保存、删除、读卡、打印、退出、隐藏、显示等按钮,可进行相应的操作。

配件查询(Q) 输入查询条件,查询所需信息或单据。

保存(S) 保存输入或修改的信息。

删除(D) 删除当前所选择的记录信息条。

读卡(D) 可以通过刷卡录入相关客户信息。

打印(P) 打印当前页面单据。

退出(E) 退出当前操作窗口,关闭当前页面。

隐藏(H) 隐藏查询条件输入窗口。

显示(S) 显示查询条件输入窗口。

预览(P) 预览单据打印效果。

(2) 模糊查询功能

查询时,可在查询条件文本框中输入短语或数字,包含此短语或数字的信息条目会被列出。

(3) 蓝色必填栏

必须填写栏位名称为蓝色的信息栏位,才能完成这一步操作,否则操作失败,系统提示原因。

(4) 右侧有查询图标的文本框

此类文本框,可以通过点击此图标查询录入相关文本信息。比如,配件信息和维修项目。

(5) 右侧有下拉箭头的文本框

点击文本框右侧的小箭头,在下拉选项中选择所需要的内容。其内容一般可以在“系统管理”中进行设置。

(6) 按钮可用和不可用标识

按钮突出时为可用,即当前可以进行这一步操作;按钮是灰色为不可用,即当前不可进行这一步操作或者不可选择。

(7) 系统权限说明

如果在操作的过程中,遇到“XX 不具此项功能的权限”的系统提示而无法继续操作,那么是您没有被分配相关权限,请与您的系统管理员联系。

(8) 连续输入复选框

在信息输入操作窗口,一般左下角都有“连续输入”的复选框,用于连续输入相同主题的信息。在输入信息时勾中此框,则在保存以后,此操作窗口不自动关闭,以便继续输入(如图 3-3)。

(9) 单据号的生成说明

在保存新的单据时,系统自动生成单据参考号,以便查询。单据号的生成规则为“年(4 位)+月(两位)+流水号(4 位)”,如某委托书号是 A2004030005。

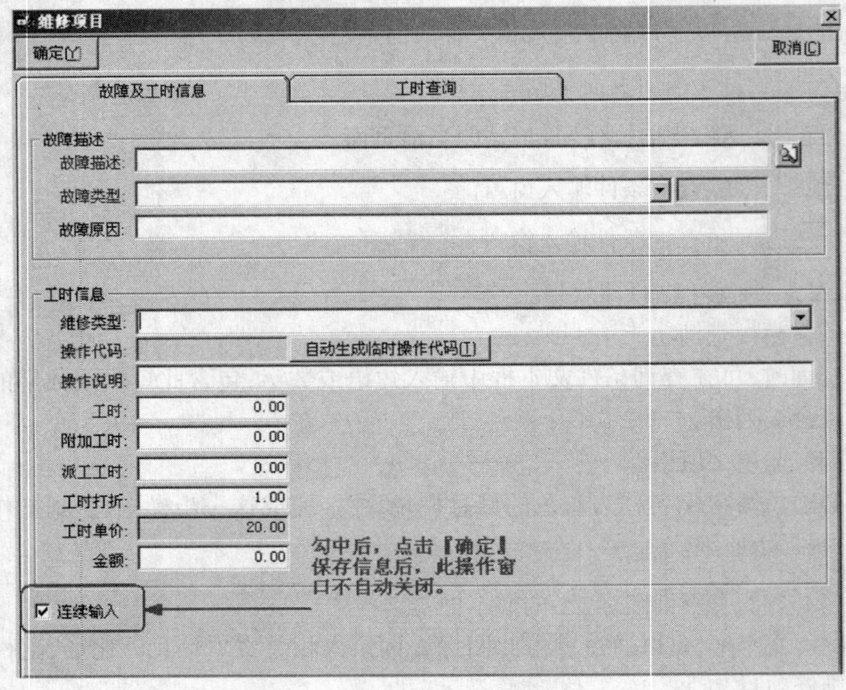

图3-3　信息输入操作窗口

(10) 回车系统自动录入功能

在输入车辆或车主信息时,如果车辆不是第一次来厂维修,那么输入车辆的车牌号后,按下回车键,系统自动显示此车辆的其他信息。车主和联系人信息也是如此。

(11) 状态栏的信息提示

主操作模块的状态栏中对操作信息给予提示,包括模块说明及操作指引(如图3-4)。

(12) 帮助

每一个功能模块,用户如果需要使用帮助,直接按[F1]即可调出本功能模块帮助。

4. 更改登录密码

若要更改当前账户的登录密码,在系统主界面的顶部菜单中点击“系统管理”,在弹出的菜单中选择“密码修改”,修改密码之后点击『修改密码』按钮保存设置(如图3-5)。新密码将作为您下次登录系统的进入口令,请务必记住更改后的新密码,否则将给您登录系统带来不便。

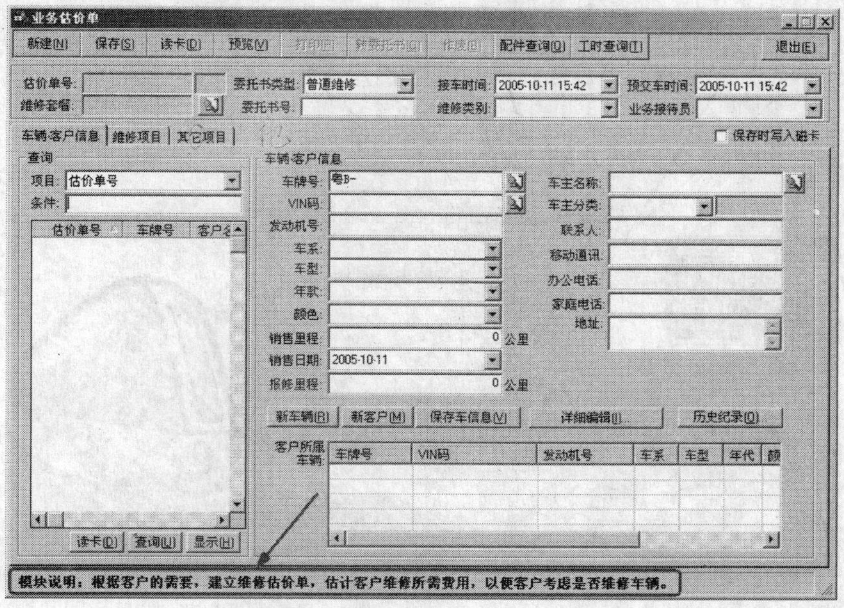

图 3-4　主操作模块说明及操作指引

图 3-5　用户密码修改页面

5. 更改快捷按钮栏

根据需要自定义快捷按钮栏的按钮，在系统主界面的顶部菜单中点击“系统管理”，在弹出的菜单中选择“自定义快捷键”，选择需要的功能快捷按钮。此下拉菜单中的选项由系统设置完成，不可以添加或删除其中的信息条目（如图 3-6）。

选择完毕，点击『保存』按钮，再次登录系统时，定义结果生效。如，将“任务委托书”一栏更改成“单号状态管理”，那么在下一次登录系统时，快捷图标中的“任务委托书”将被换成“单号状态管理”（如图 3-7）。

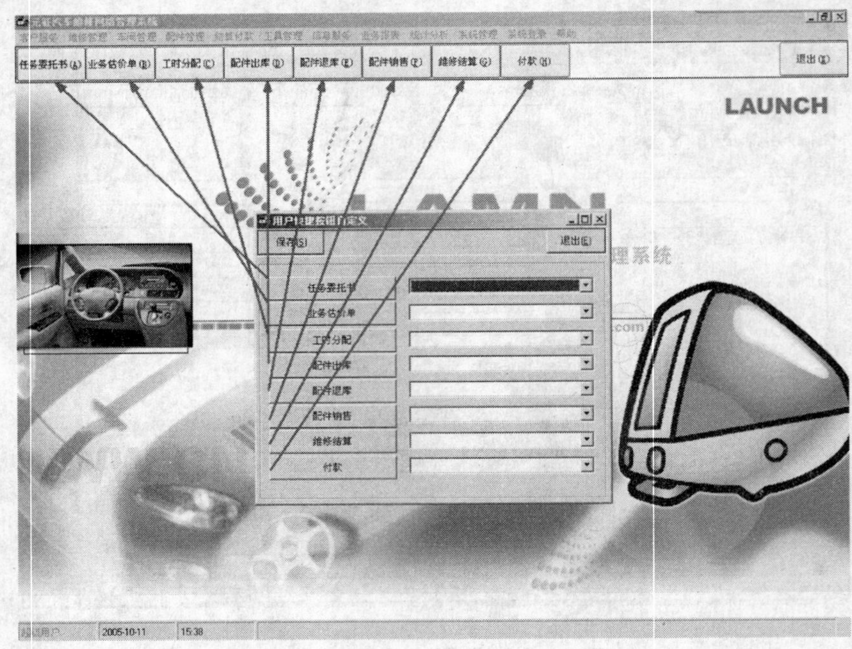

图 3-6　更改快捷按钮操作页面

图　3-7

6. 退出系统

操作结束,需要退出系统。点击系统主界面右上角的叉号或者点击系统主界面的顶部菜单中『退出』按钮,系统提示"是否退出",点击『是』按钮退出系统。

三、系统数据初始化

在"系统管理"中进行系统初始化设置,定义系统启用所需的配件信息、委托书类型和结算参数等基础数据。此项工作必须按照系统管理的下拉菜单顺序依次进行设置。

有关系统中代号编码的问题,用户可以自行设定一套自己的科学的编码规则,这样可以大大方便用户以后的工作;对于一些自带条形码的配件,也可以应用它来做系统中配件的编码。

1. 定义维修站基本信息

定义维修站基本信息。包括企业名称、联系方式、银行、税务和索赔联系等

基本描述。

在系统主菜单“系统管理”的下拉菜单中选择“维修站基本信息”即可进入“维修站基本信息”编辑界面(如图3-8)进行信息输入。

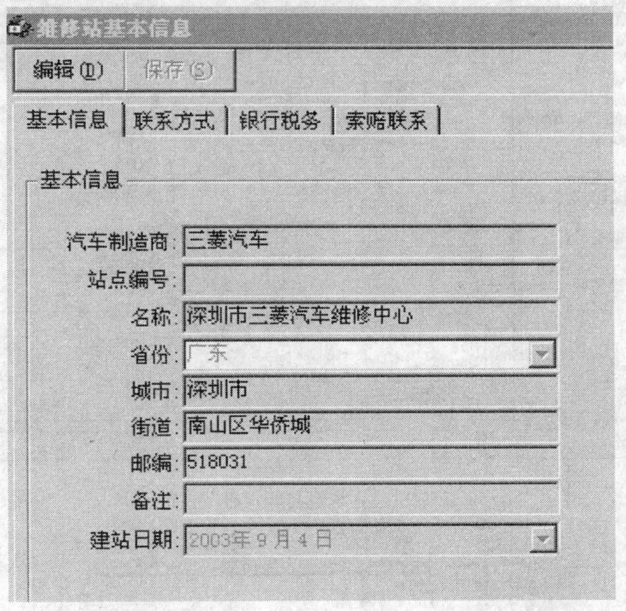

图3-8 维修站基本信息编辑界面

2. 系统及打印设置

定义系统打印项目取舍、套打位置微调、车间管理设置和车牌设置等。在系统主菜单“系统管理”的下拉菜单中选择“系统及打印设置”即可进入“系统及打印设置”界面(如图3-9)进行系统及打印设置。

(1) 维修站设置。设置维修站的车间管理和默认车牌号。

(2) 车牌设置

输入新建任务委托书或估价单时,车牌默认设置值。比如设定的是“粤B”,那么在新建任务委托书时,“车牌号”一栏自动设为“粤B”(如图3-10)。

(3) 自检信息设置

设置登录时系统是否自动检测必需的基础数据,如车主分类等。勾中则自动检测,否则不自检。

(4) 客户服务及车辆保养提醒设置

设置登录时系统是否自动弹出客户服务及车辆保养提醒。若勾中可点击『设置』按钮设置提醒类别及时间范围(如图3-11),则在所设定的时间范围内登录时系统将自动提醒,而超过该时间范围系统将不再提醒;若不勾中则都不提醒。

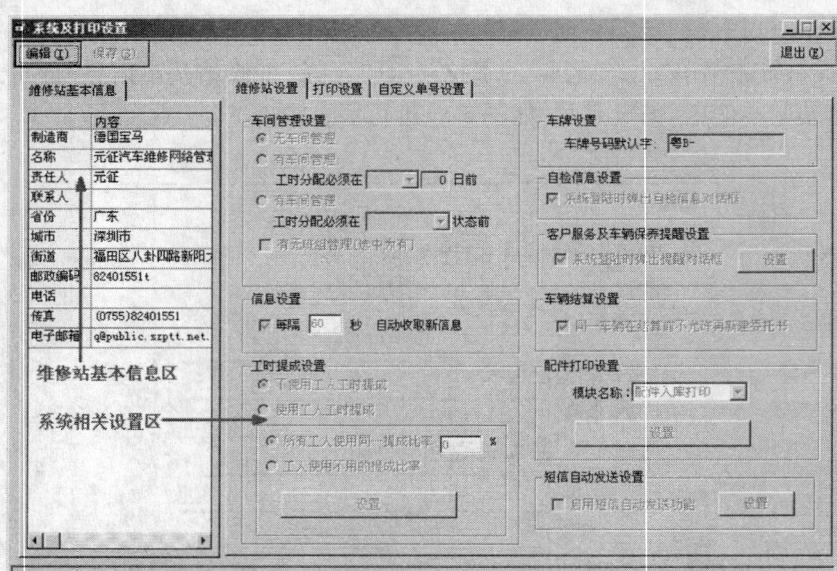

图 3-9 “系统及打印设置”界面

车辆-客户信息
车牌号: 粤B
VIN码:
发动机号:
车系:
车型:
年款:
颜色:
销售里程: 0 日期: 2004-03-08
销售地点:
报修里程: 0 公里

图 3-10 车辆客户信息界面

(5) 信息设置

本系统提供发送局域网信息的功能。在局域网中使用本系统的人员可以通过“信息服务”中的“发送信息”向其他人员发送网络信息,在此处设置系统自动接收局域网信息的时间间隔。

(6) 车辆结算设置。若勾中该选项,则同一车辆在结算前不允许再新建任务委托书,如车辆(VIN 码:37240785354073504)在系统中还有未结算的工单,

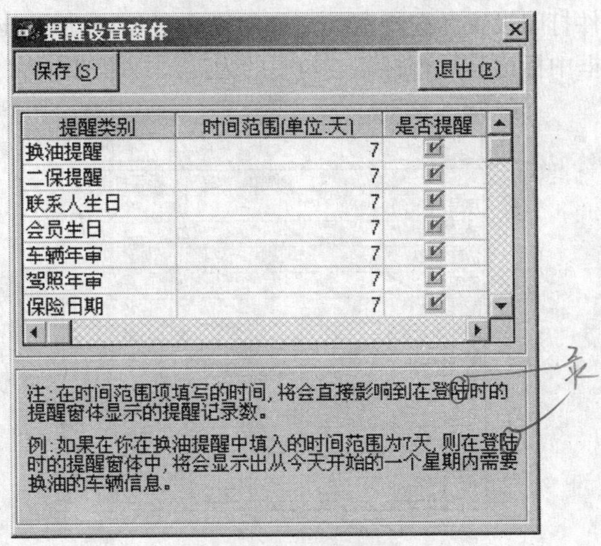

图 3-11　客户服务及车辆保养提醒设置窗体

则当对该车辆再建新单并点击『保存』按钮时,系统弹出提示无法保存。

(7) 工时提成设置。本功能主要是实现按工时总金额与工时提成比率计算出工人或者班组的工资。当车间管理设置有班组管理,则设置班组的提成比率。当车间管理设置无班组管理,可以设置工人的提成比率。如果选择了"不使用工人/班组工时提成",工时分配时系统将根据用户设置的分配工时数量计算出工时分配金额。

点选"工人/班组使用不同提成比率",并点击『设置』按钮,对不同工人输入不同的提成比率(如图 3-12)。

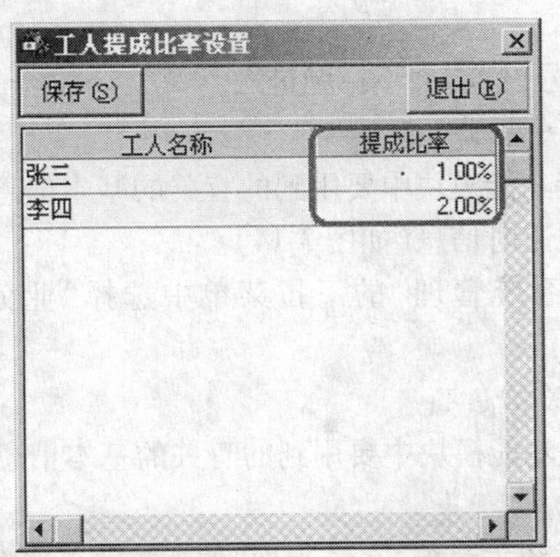

图 3-12　工时提成设置

(8) 配件打印设置。选择配件打印的模块名称,然后点击『设置』按钮,在弹出的对话框中标记其是否打印。勾中的为需要打印的内容(如图 3-13)。

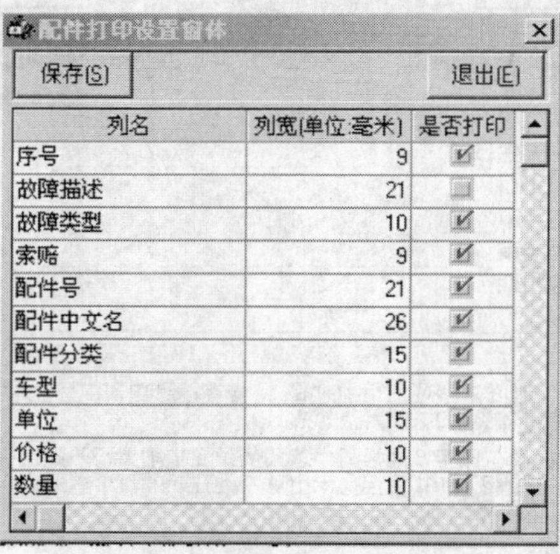

列名	列宽(单位:毫米)	是否打印
序号	9	☑
故障描述	21	☐
故障类型	10	☑
索赔	9	☑
配件号	21	☑
配件中文名	26	☑
配件分类	15	☑
车型	10	☑
单位	15	☑
价格	10	☑
数量	10	☑

图 3-13　配件打印设置窗体

(9) 短信自动发送设置。设置是否将检测到的提醒用短信自动发送给客户。勾中该选项后点击『设置』按钮,在弹出的窗口中选择并双击需要修改的记录,对其提前提醒天数、提醒内容等进行修改。系统将按设置的提前提醒天数将提醒内容用短信自动发送给客户。

(10) 打印设置。设置委托书单的打印内容。点击"打印设置"面板标题进入。

(11) 自定义单号设置。设置系统各个单据的单号前缀。如设置"任务委托书"前缀为"AA",则生成任务委托书时,委托书单号为"AA××××××××××"。

点击"自定义单号设置"面板标题进入。

3. 业务接待相关基础信息

定义在业务接待功能模块中要用到的有关的基本信息,包括汽车、车主、委托书和维修类型以及工时信息(如图 3-14)。

在系统主菜单"系统管理"的下拉菜单中选择"业务接待"(如图 3-15)进入。

4. 车间管理相关信息

定义在车间管理功能模块中要用到的有关的基本信息,包括工种、工位、工人的信息(如图 3-16)。

【进入方式】在系统主菜单"系统管理"的下拉菜单中选择"车间管理"。

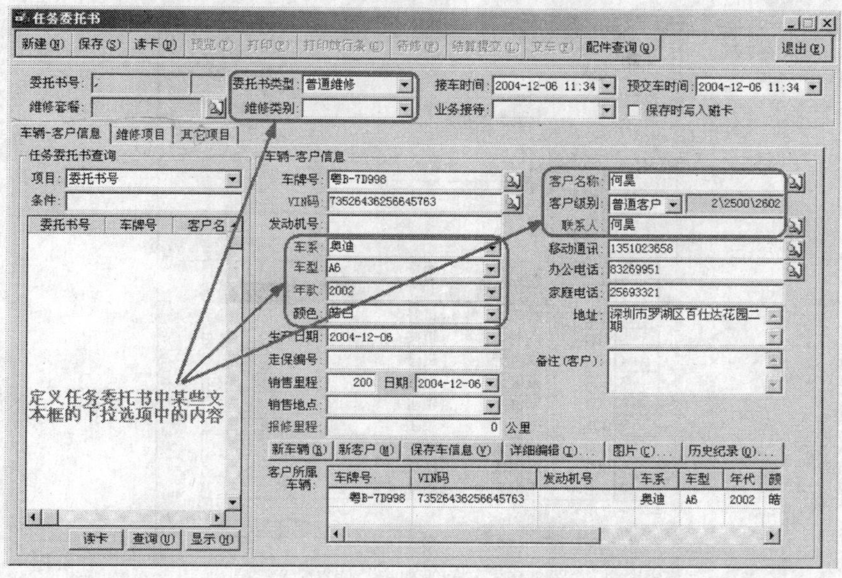

图 3-14　业务接待基础信息窗体

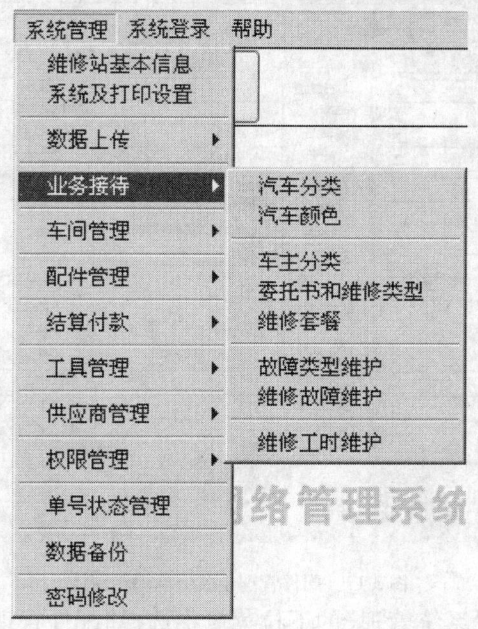

图 3-15　系统主菜单“系统管理”的下拉菜单

5. 配件管理相关信息

定义在配件管理功能模块中要用到的基本信息，包括配件类型、配件分类等信息（如图 3-17）。

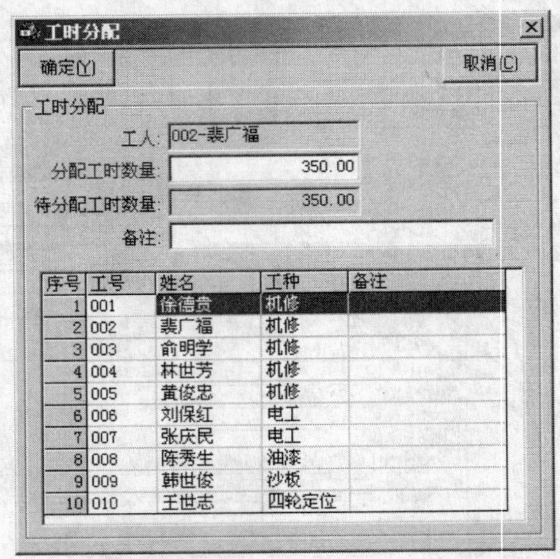

图 3-16　车间管理相关信息定义

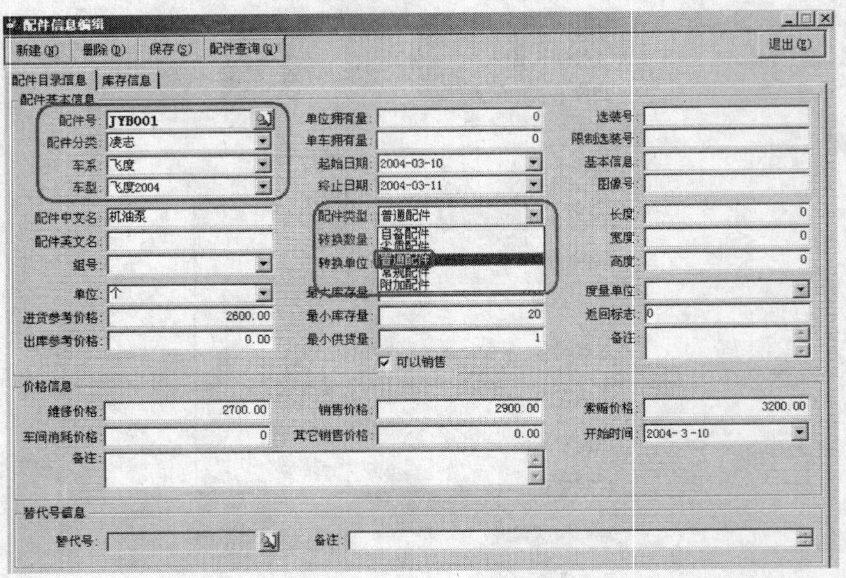

图 3-17　配件管理相关信息编辑窗体

在系统主菜单"系统管理"的下拉菜单中选择"配件管理"。

6. 结算付款相关信息

定义在结算付款功能模块中要用到的有关的基本信息，包括结算参数、付款方式、索赔厂家和保险公司等信息(如图 3-18)。

【进入方式】在系统主菜单"系统管理"的下拉菜单中选择"结算付款"。

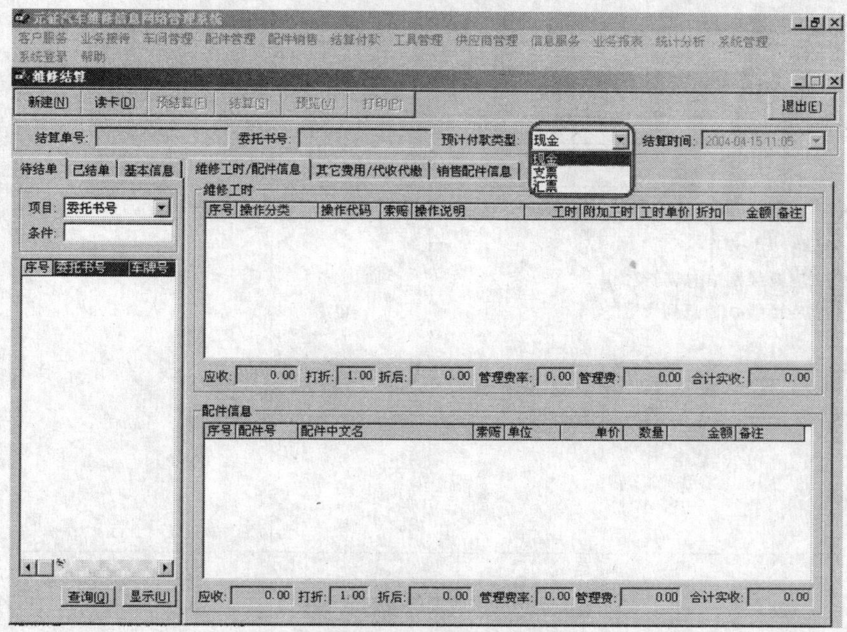

图 3-18　结算付款信息编辑窗体

7. 供应商管理

实现维修企业对供应商资料的管理，包括对供应商级别及相关信息的管理。

（1）供应商级别。对供应商的级别信息进行编辑，包括新增和删除。在系统主菜单“供应商管理”的下拉菜单中选择“供应商级别”（如图 3-19）。

【操作方法】如下：

① 新建供应商级别信息。点击『新建』按钮，编辑供应商级别信息，然后点击『保存』按钮。

② 删除供应商级别信息。在信息列表中双击欲删除的供应商级别信息，点击『删除』按钮，删除所选择的供应商级别信息。

（2）供应商信息。对供应商相关信息的管理，包括供应商资料查询、新增、修改和废除，以及与供应商相关的配件的查询。在系统主菜单“供应商管理”的下拉菜单中选择“供应商信息”（如图 3-20）。

【操作方法如下：

① 新建供应商信息。点击『新建』按钮，编辑供应商相关信息，然后点击『保存』按钮。还可对供应商信息做相关修改保存。

② 供应商信息查询。在查询区选择查询字段，然后输入查询条件，点击其

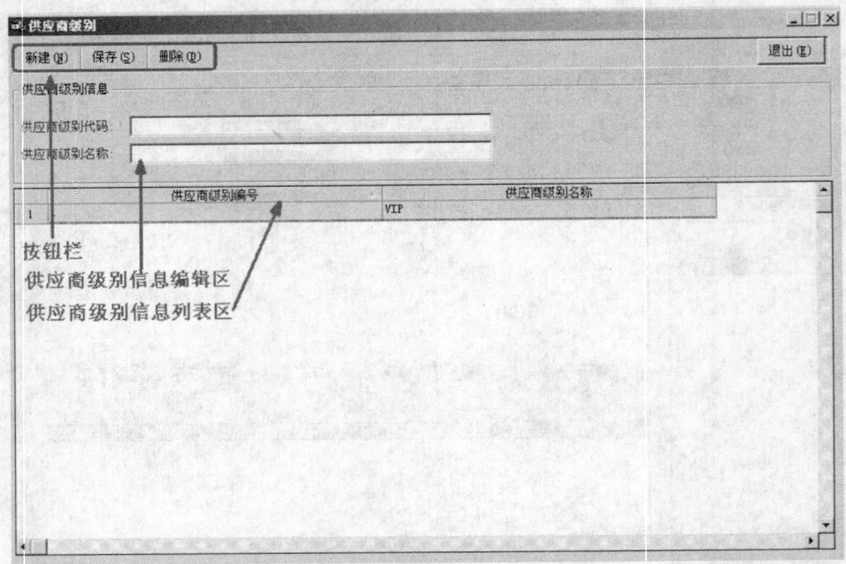

图 3-19 供应商的级别信息编辑

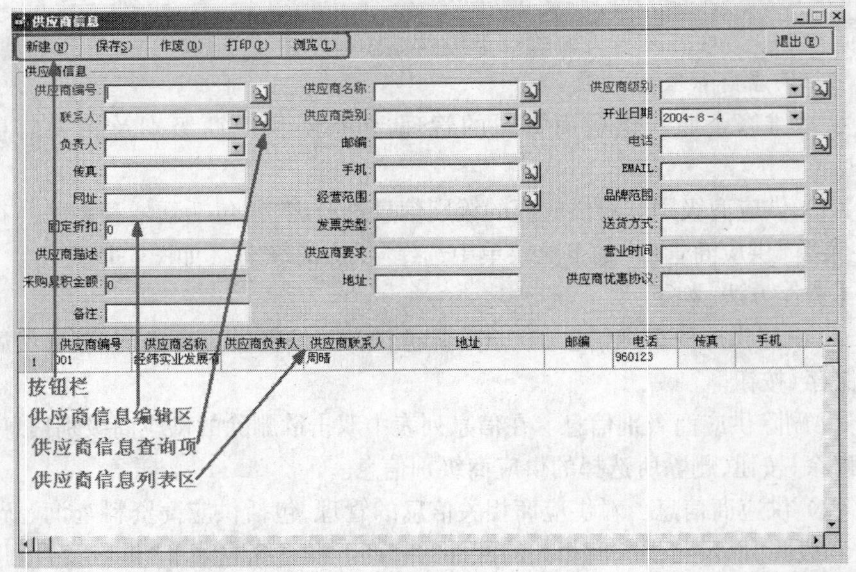

图 3-20 供应商信息

后的查询图标，系统在供应商信息列表区列出符合查询条件的查询结果。带有查询图标的都为查询字段。

③ 打印供应商信息。点击『打印』按钮，系统打印所选择的供应商信息。

④ 作废供应商信息。在信息列表中双击欲作废的供应商信息，点击『作废』按钮，删除所选择的供应商信息。

⑤ 供应商配件查询。点击『配件查询』按钮，弹出供应商配件查询页面。

在其查询区选择查询字段，然后输入查询条件，点击其后的查询图标，系统在供应商配件信息列表区列出符合查询条件的查询结果。

点击『打印』按钮，系统打印所选择的供应商及其相关配件信息。

8. 权限管理

开设系统用户并设置用户的系统使用权限，包括用户名称和所使用的功能模块等。

【进入方式】在系统主菜单“系统管理”的下拉菜单中选择“权限管理”。

(1) 定义用户级别。定义不同的用户类别和相应的级别。

【进入方式】系统管理→权限管理→用户级别管理(如图3-21)。

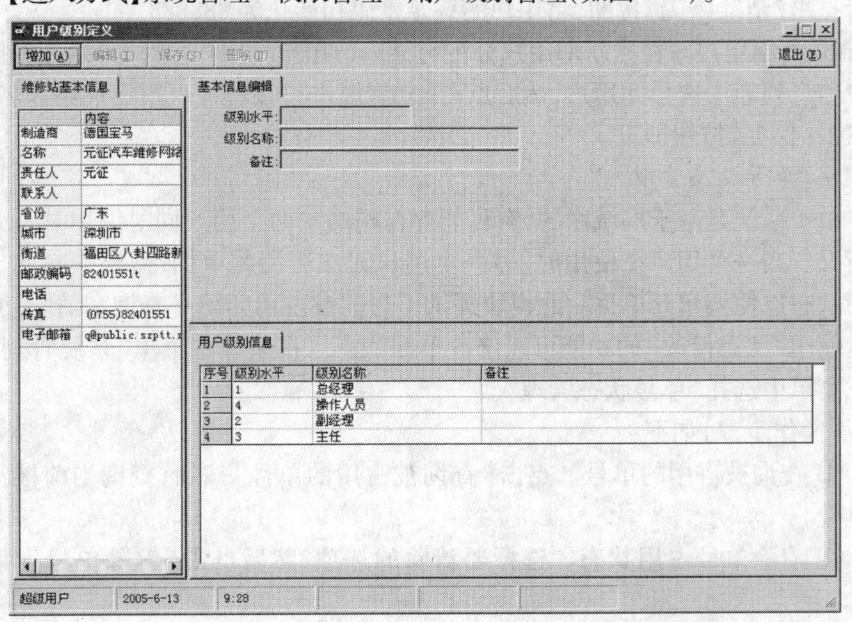

图3-21 用户级别定义界面

【操作步骤】如下：

① 添加新用户类型和它的级别。点击『增加』按钮，编辑相关信息，然后点击『保存』按钮。

② 删除用户类型和它的级别。在“用户级别”信息列表中选择要删除的用户类型，然后点击『删除』按钮。

③ 编辑已有用户类型和它的级别。在“用户级别”信息列表中选择要编辑

的用户级别,然后点击『编辑』按钮,在信息编辑区修改信息,点击『保存』按钮。

(2) 定义用户和相应的权限。定义用户和分配相应的权限。

【进入方式】系统管理→权限管理→用户权限管理。

【操作步骤】如下:

① 添加新用户类型和它的级别。点击『增加』按钮,编辑用户信息,然后点击『保存』按钮。系统自定义用户初始密码为888888,用户可以自行更改。分配相应的使用权限。

② 删除用户。在"操作用户"信息列表中选择要删除的用户,然后点击『删除』按钮。

③ 编辑已有用户。在"操作用户"信息列表中选择要编辑的用户,然后点击『编辑』按钮,在信息编辑区修改信息,点击『保存』按钮。

④ 清除用户密码。用户忘记了密码,系统管理员可以调出该用户的信息,然后点击『清除密码』按钮,将用户的登录密码初始化为888888。

⑤ 复制用户。在给新增用户分配与某一旧用户相同权限时,可以先在操作用户信息列表中选择此用户,然后点击『复制用户』,接着输入用户代码和名称,再点击『保存』按钮即可。

9. 单号状态管理

由于系统是基于局域网的,有可能存在网络中两个用户同时调用某一张单的情况。当一个用户在使用时,另一个用户无法调用此单据,需要解除此单据占用状态以便调用此单据。此模块提供了当前被占用的单号查询和清除功能。通过使用"状态修改"的功能可以修改单据状态。在系统主菜单"系统管理"的下拉菜单中选择"单号状态管理"。

【操作步骤】如下:

① 查询被占用的单号。点击『查询被占用的单号』按钮,查询当前被占用的单号。

② 清除单号占用状态。选择要清除的选项,然后点击『解除单号占用状态』。

③ 点击"状态修改/打印解锁"面板标题,在"任务委托书号"文本框中输入委托书号,然后点击查询图标,系统显示此委托书当前状态,再在"状态要更改为"的下拉选项中选择要更改成的状态。

10. 数据上传

由于系统是基于局域网的,总店无法查看分店的营业状况,行管部门也无法查看各个维修企业的经营状况。此模块提供了数据上传功能,实现将各个分店的数据上传到总店,以及将各个维修企业的数据上传到行管系统。

在系统主菜单“系统管理”的下拉菜单中选择“数据上传”。

(1)行管数据上传。【进入方式】系统管理→数据上传→行管数据上传(如图 3-22)

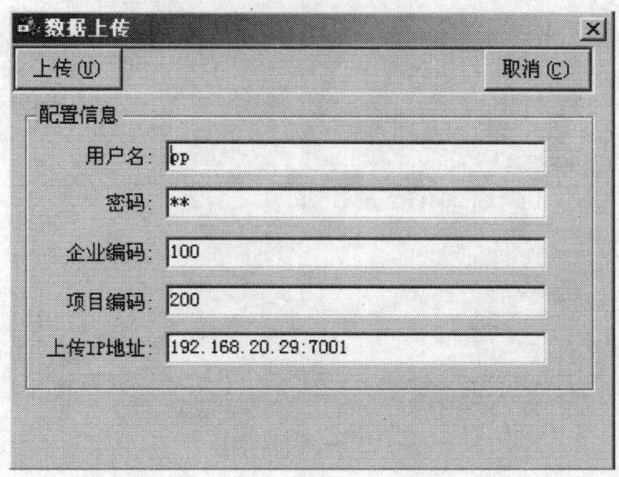

图 3-22　数据上传窗体

【操作步骤】如下:

① 输入行管系统的登录用户名、密码、企业编码、项目密码和上传的 IP 地址。

② 点击『上传』按钮,将维修企业的数据上传到行管系统。

(2)连锁店数据上传。

【进入方式】:系统管理→数据上传→连锁店数据上传→数据接收。【操作步骤】如下:

① 输入总店的 IP 地址。

② 点击『开始侦听』按钮,总店已经准备好接收数据,等待分店的数据上传,相关信息栏显示进程状态(如图 3-23)。

③ 当数据上传完毕后,相关信息栏中提示接收数据完毕。

④ 重新登录系统,“站点名称”选择该分店的店名,输入登录用户名和密码。

⑤ 在“配件结存”和“接车业务报表”模块中查看分店上传的数据信息。

四、业务接待

完成车辆的订货、入库、调整、转仓和盘点等的管理,记录车辆进、销、存的各环节的详细信息,保存了车辆每次出入库的详细记录。

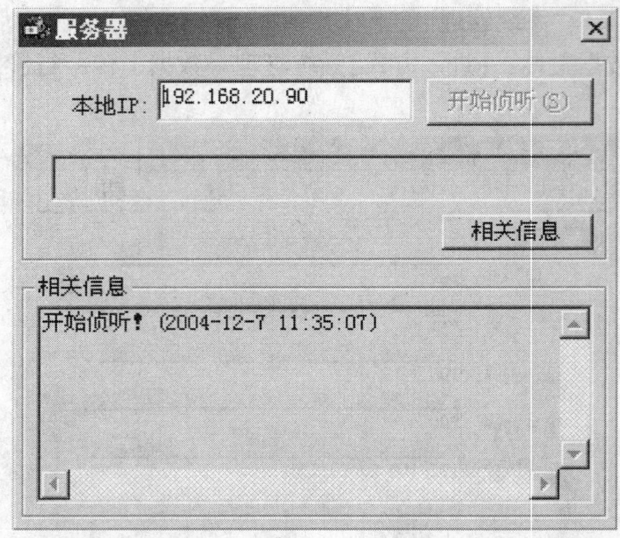

图 3-23　数据接收窗体

1. 业务估价单

根据客户的需要,建立维修估价单,估计客户维修所需费用,以便客户考虑是否维修车辆。估价单不建立客户与维修企业的修车委托关系,其信息和内容仅供客户参考,维修项目还需进一步确定。如果客户不需要估计维修价格,则可以直接建立任务委托书。

【进入方式】在系统主菜单"维修管理"的下拉菜单中选择"业务估价单"(如图 3-24)。或在初始界面顶部快捷菜单中点击"业务估价单"图标 业务估价单(B)。

(1) 估价单相关信息:

① 估价单号:保存估价单时系统自动生成。

② 委托书号:估价单转成任务委托书时将生成委托书号,在保存估价单时不会生成。

③ 委托书类型:在下拉选项中选择相应类型。如,选择"普通维修"。

④ 维修类别:在下拉选项中选择以确定维修类别。如选择"二保"。

⑤ 接车时间:接待维修车辆时间。默认为当前系统时间,可以在下拉选项中选择。

⑥ 预交车时间:预计将维修车辆交给客户的时间。预交车时间一定要大于接车时间。

⑦ 业务接待员:在下拉选项中选择维修业务接待的操作人员。

⑧ 保存时写入磁卡:保存估价单时,将客户信息写入磁卡。一般在任务委

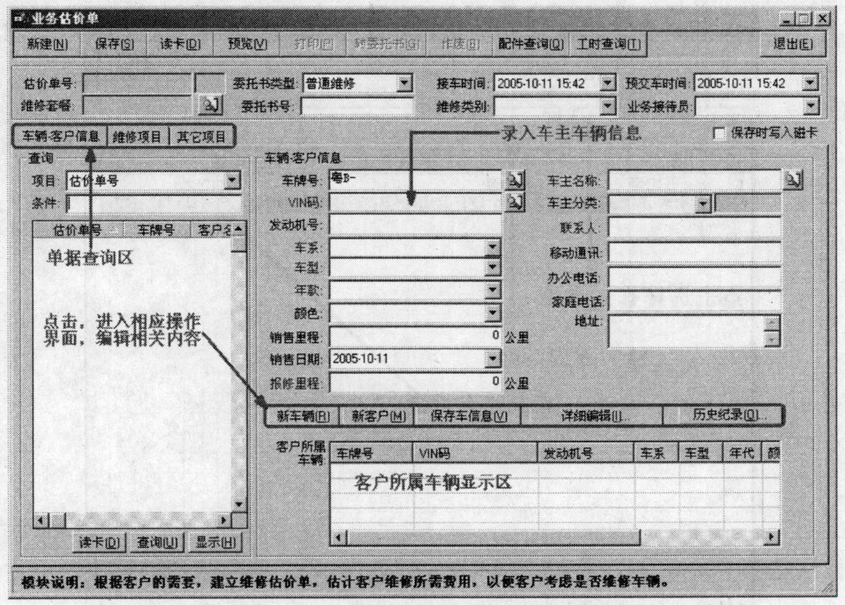

图 3-24 业务估价单编辑界面

托书中将客户信息写入磁卡，此卡可作为 VIP 身份的凭证。

⑨ 估价单查询区：查询调出所需估价单。

(2) 输入客户车辆信息。如果是新客户，则直接输入客户车辆信息；如果是老客户，可以通过点击查询图标查询录入客户车辆信息。

① 新客户。直接输入客户和车辆信息，输入完成，点击『保存』按钮，系统自动生成估价单号。

② 老客户。点击“车牌号”或“车主名称”文本框右边的查询图标，在弹出的查询窗口中输入查询条件，再点击查询图标。

例 选择“车主”为查询字段，然后输入查询条件“王”，点击查询图标或按下回车键后，姓王的车主全部被列出，双击“王魅力”，他的信息会被列入估价单的客户信息区(如图 3-25)。

(3) 将客户信息写入磁卡。将车主和所属车辆信息写入磁卡，以便在下次快速读取客户信息。

① 勾中估价单主操作界面右上角的“保存时写入磁卡”。

② 点击『保存』按钮，系统提示划卡，点击『确定』按钮，读卡器发出“嘀”响同时橙色灯亮起。

③ 拿住磁卡，按照读卡器上表面的箭头提示，将有磁的一面朝正确的方向划过读卡器。读卡器发出“嘀”响，客户车辆信息成功保存到磁卡中。

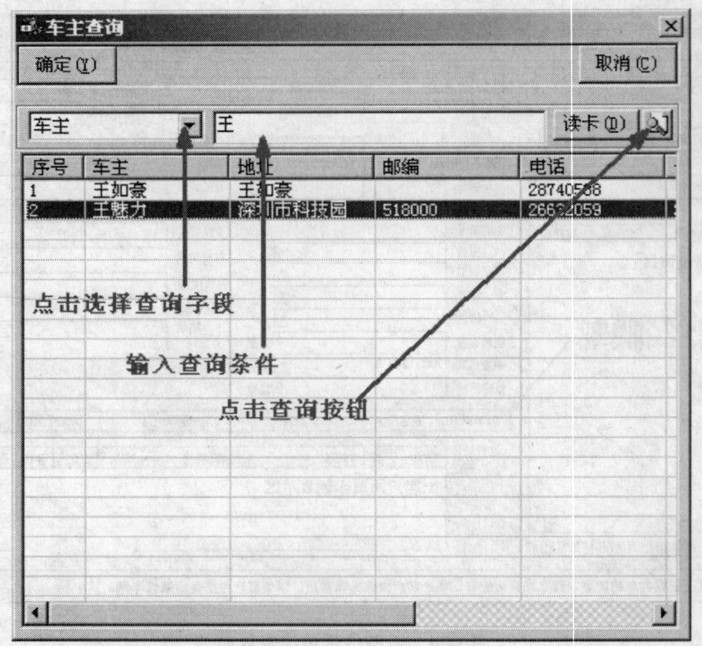

图 3-25　车主信息查询与显示窗体

(4) 读卡功能。当车主是本维修站老客户或者是会员客户,并且此客户持有本站发放的会员卡,就可以通过"读卡"来读取车主信息。

① 将读卡器正确连接到计算机上。先关闭计算机,将键盘接头拔下,插在读卡器的接口上,再将读卡器插在计算机的键盘插口上。重新启动机器,将听到"嘀嘀"的声响,说明读卡器已经进入备用状态。

② 在估价单的主界面点击顶部『读卡』按钮,系统提示"请划卡",点击『确定』按钮。读卡器上的黄色灯亮起。

③ 拿住磁卡,按照读卡器上表面的箭头提示,将有磁的一面朝正确的方向划过读卡器。读卡器发出"嘀"响,卡中客户车辆信息被列入估价单中。

(5) 详细编辑信息。在估价单生成后,如果需要更改车辆的信息那么要在估价单主界面中点击 详细编辑(I)... 按钮,更改车主、车辆和会员等相关的信息。

① 车辆和车辆联系人信息。更改编辑相关信息后,点击面板内的『保存』按钮。

② 车主信息。点击"车主信息"面板标题,编辑车主其他信息,如开户银行、银行账号等信息。

③ 会员信息。勾中车辆信息的"会员"前面的复选框,才可以对会员信息

进行编辑(图 3-26)。

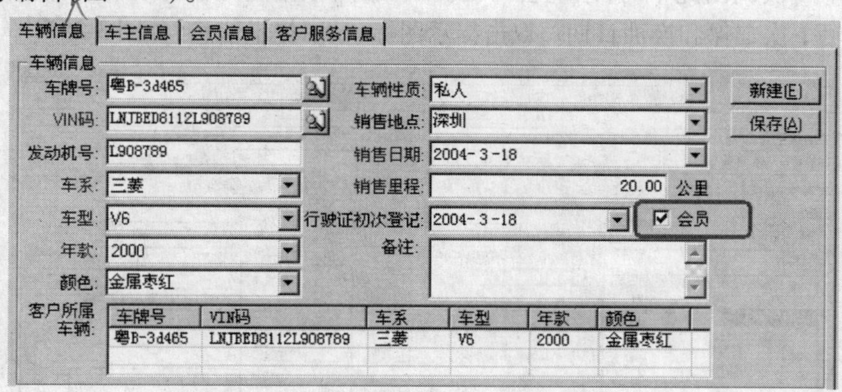

图 3-26　车辆信息窗体

④ 客户服务信息。点击“客户服务信息”面板标题,其中默认的日期是接车日期。先点击本面板内的『新建』按钮,然后编辑相应信息,完成后点击面板内的『保存』按钮(如图 3-27)。

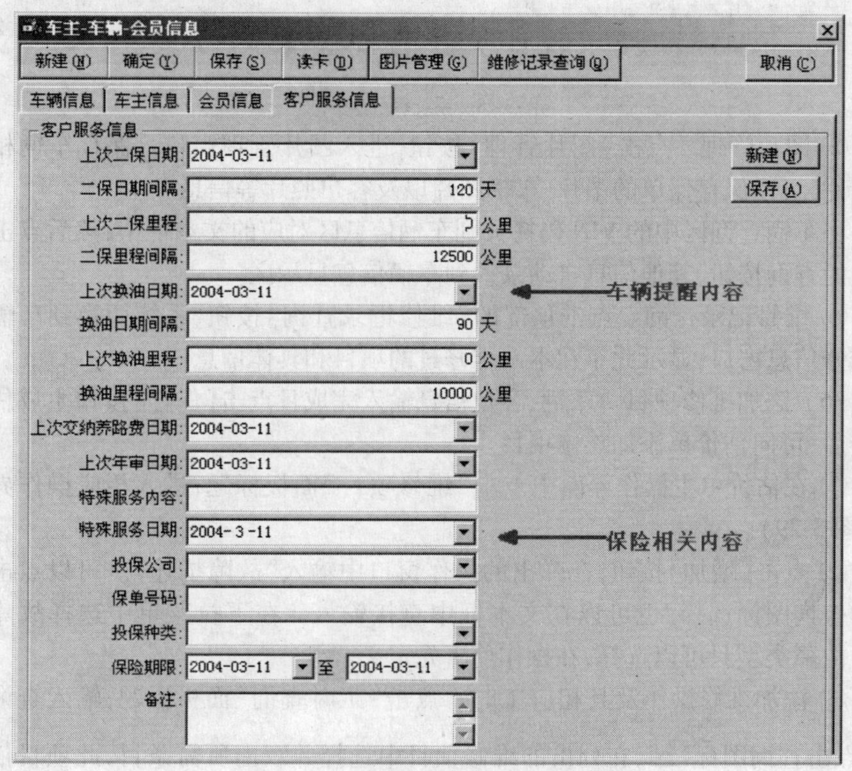

图 3-27　客户服务信息界面

下一次调出此单时，系统会弹出提示图标，根据此处输入的日期计算并提示车辆下次二保和换油日期。双击提示图标，显示提示信息（如图 3-28）。

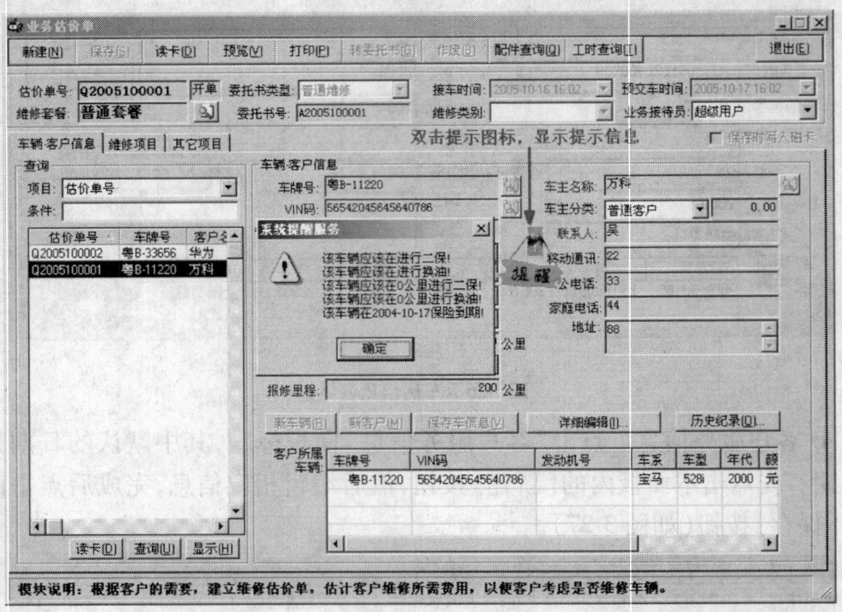

图 3-28　系统提醒服务

⑤ 图片管理。点击『图片管理』按钮，进入图片管理窗口。保存车辆相关的图片，可以保存保单的图片、车辆图片以及客户照片等信息。

将车辆查询区中的 VIN 码拷贝到车辆信息区对应的文本框中，然后点击其右边的查询按钮，其他信息自动录入到车辆信息显示区。

⑥ 维修记录查询。点击顶部的『维修记录查询』按钮，系统切换到车辆历史维修信息窗口，显示此车在本站维修过的项目和具体信息。

(6) 添加维修项目。车辆、客户信息输入完成且点击『保存』按钮生成估价单号后，可向估价单添加维修项目。

① 在估价单主操作界面中点击"维修项目"面板标题，进入相应操作界面（如图 3-29）。

② 点击『增加』按钮，在弹出的操作窗口中输入"故障描述"。可以点击右侧的查询图标选择，也可以在文本框中直接输入。在下拉菜单中选择故障类型。故障类型只可以选择，在操作前事先定义。

③ 添加维修操作及其相应工时。点击"工时查询"面板标题，输入查询条件，点击查询图标，在列出的维修项目中选择并双击所需条目，此项目信息被自动输入到图 3-30 中的相应文本框中。查询条件可以分为"操作类型"、"操

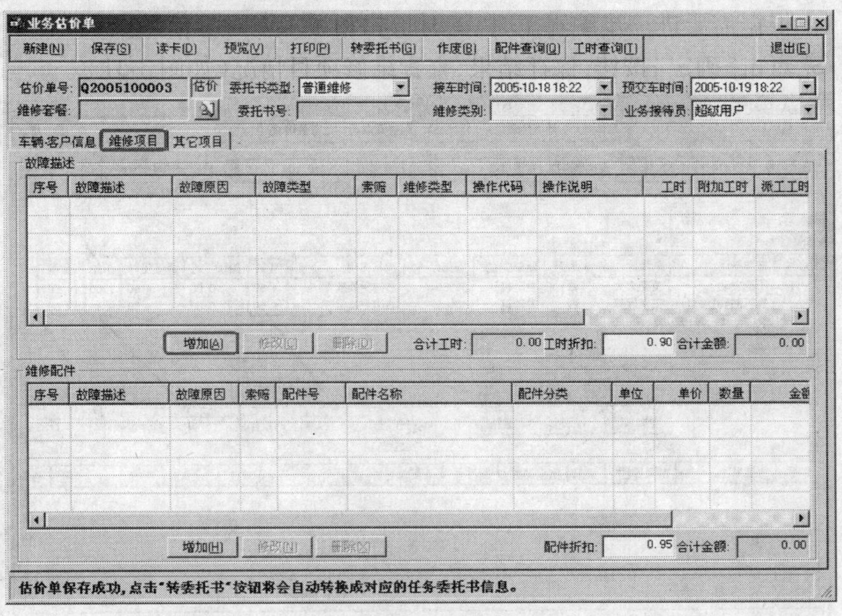

图 3-29　估价单主操作界面

作代码"和"操作说明"等。

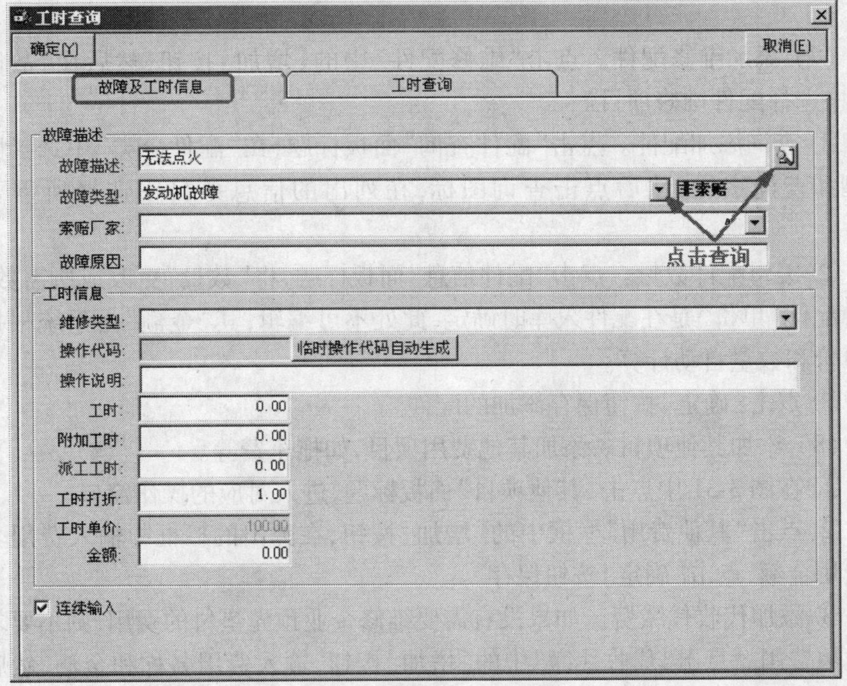

图 3-30　工时查询界面

④ 根据需要进一步编辑工时、工时折扣和派工工时等信息。

⑤ 点击『确定』按钮，保存结果，查看维修项目情况（如图 3-31）。

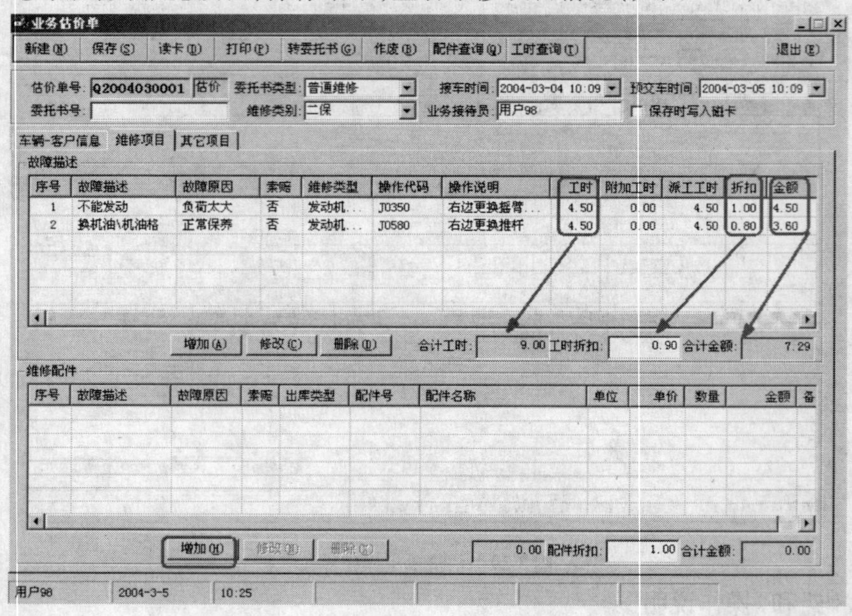

图 3-31 业务估价单界面

（7）添加维修配件。点击“维修配件”中的『增加』按钮，然后在“故障描述”中选择配件维修项目。

① 查询添加配件。点击“配件查询”面板标题，在“配件分类”中选择配件类型和查询字段，然后点击查询图标，在列出的信息条目中选择所需要的配件。

② 编辑配件数量。点击“配件信息”面板标题，将“数量”更改成所需数量。其中配件“单价”是在配件入库时确定，此处不可编辑，其“金额”由系统根据配件单价和数量自动计算。

③ 点击『确定』按钮保存添加的配件。

（8）添加其他项目。添加其他费用项目，如拖车费等。

① 在图 3-31 中点击“其他项目”面板标题，进入对应的操作窗口。

② 点击“其他费用”栏框中的『增加』按钮，在弹出的栏框中输入费用名称和费用金额，点击『确定』按钮保存。

③ 添加代收代缴费。如果没有需要维修企业预先垫付的费用，则不要求添加此项费用。点击“代收代缴”中的『增加』按钮，输入费用名称和金额，然后点击『确定』按钮即可。

2. 任务委托书

任务委托书是建立客户与维修站之间委托与被委托的关系，确定双方的维修关系。建立估价单后，如果确定接车维修，那么可以直接从估价单转成任务委托书；如果没有估价单，那么需要建立新的任务委托书。

(1) 新建任务委托书。进入新建委托书操作界面，参考“本课题、四、1 业务估价单”的操作步骤，进行委托书创建操作。在系统主菜单“维修管理”的下拉菜单中选择“任务委托书”（如图 3-32）。或在初始界面顶部快捷菜单中点击“任务委托书”图标 任务委托书(A)。

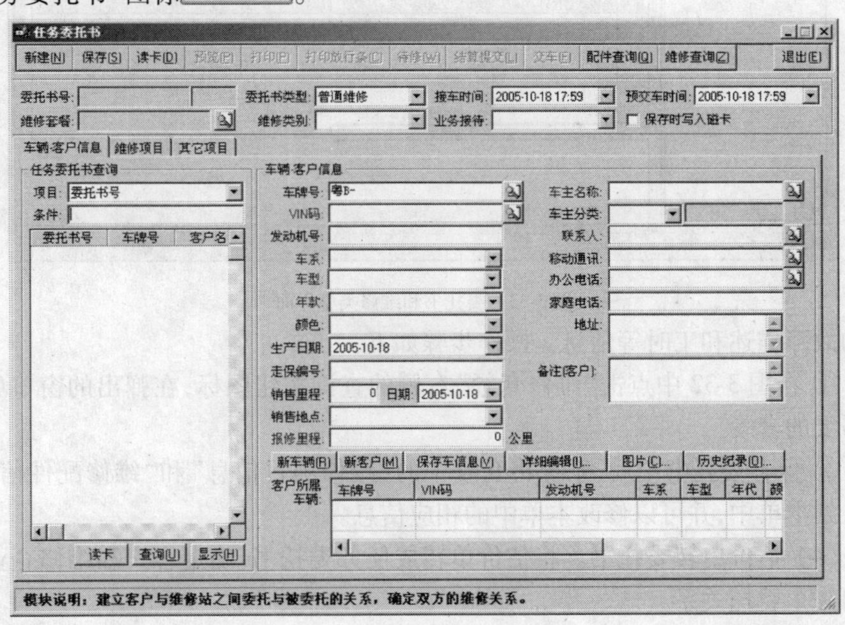

图 3-32 任务委托书界面

(2) 公务车维修任务委托书。新建来厂维修的公务车维修任务委托书。操作步骤如下：

① 公务车维修基础数据准备。维修类型：在系统主菜单“系统管理”的下拉菜单选择“业务接待”中的“委托书和维修类型”，增加维修类型“公务车维修”（如图 3-33）。

结算参数设置：在系统主菜单“系统管理”的下拉菜单选择“结算付款”中的“结算参数设置”，增加结算参数“公务车结算”。

② 在任务委托书中，“维修类别”选择“公务车维修”。

(3) 使用维修套餐。维修套餐是建立任务委托书之前预先设定好的，固定的一组维修相关信息，在新建任务委托书时，可以使用“维修套餐”快速录入维

序号	维修类型代码	类型定义说明	备注
1	001	一般维修	
2	002	二保	
3	003	换油	
4	004	大修	
5	005	钣金喷漆	
6	008	整车保修	报废不负主要责任
7	009	换大梁和发动机	不收成本费
8	010	公务车维修	

图 3-33　委托书和维修类型界面

修的故障描述和工时等信息。操作步骤如下：

① 在图 3-32 中点击“维修套餐”右侧的查询按钮图标，在弹出的窗口中选择需要的套餐。

② 保存委托书单后，系统将套餐中的“维修项目信息”和“维修配件信息”导入到本单中，并可以修改本单中的相应信息。

(4) 估价单转委托书。将估价单转成任务委托书，确定客户和维修企业之间的修车委托关系。

【注意事项】在“待出库配件”栏中列出了估价单中添加的配件信息，并且可以对其进行编辑，即添加和修改配件。但是配件出库要到“配件管理”的“配件出库”中进行。

(5) 更改委托书状态为待修。要将委托书的状态从“诊断”转成“待修”进行下一步操作，否则不可以为此任务委托书添加出库配件，即在“配件出库”中无法调出此任务委托书。

3. 预付单

给需要预先付款的客户开预付单，所付款项可在付款后对冲。

【进入方式】在系统主菜单“维修管理”的下拉菜单中选择“预付单”(如图 3-34)。

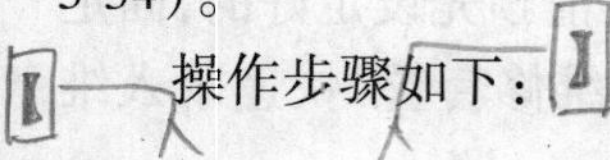

操作步骤如下：

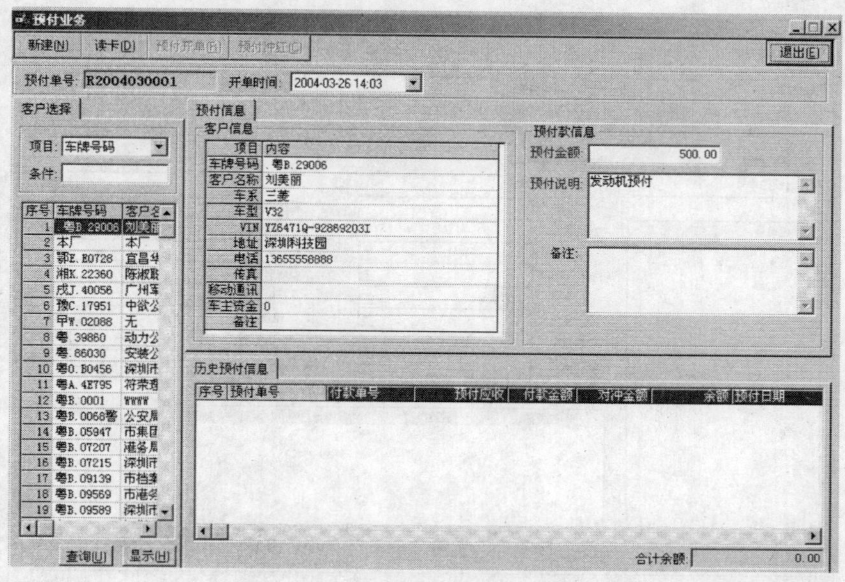

图 3-34 预付单编辑界面

① 查询调出所需委托书。

② 输入预付金额和预付说明。

③ 点击『预付开单』按钮。

4. 维修预约处理

登记客户预约修车的详细信息,可以将预约单直接转为委托书单,同时可以在“业务报表”的“业务接待”中的“预约提醒报表”中查询出任何时段的预约信息。

【进入方式】在系统主菜单“维修管理”的下拉菜单中选择“维修预约处理”(如图 3-35)。

(1) 登记预约。操作步骤如下:

① 填写预约信息。

② 保存记录信息。点击『保存』按钮保存相关信息,生成预约单号。

③ 历史维修记录查询。调出某辆车的车辆客户信息后,可以点击『历史记录』,系统列出该车在本厂的历史维修记录。

(2) 取消预约。操作步骤如下:

① 在查询区查找出预约单,点击『预约取消』按钮。

② 输入取消原因,点击『确定』按钮。

③ 预约单的状态自动转为『已取消』。此次预约被取消,但仍然在系统中保存曾经预约的记录,可以在预约提醒中查找到。

图 3-35　维修预约处理界面

(3) 预约单转任务委托书。操作步骤如下：

① 在查询区查找出预约单，点击『来厂处理』按钮。

② 系统提示已经转成任务委托书，点击『是』进入任务委托书界面，进行下一步的业务开单处理。

(4) 预约提醒。操作步骤如下：

① 点击『预约提醒』按钮，弹出预约提醒编辑窗口，输入提醒内容。

② 再次登录系统时，系统自动弹出预约提醒。

5. 历史维修信息

查询车辆某一历史时段的维修记录，还可以查询某辆车的某项历史维修信息。

【进入方式】在系统主菜单“维修管理”的下拉菜单中选择“历史维修信息”（如图 3-36）。

操作步骤如下：

(1) 选择查询条件。所有时期的历史维修信息：勾中则显示所有时间段的历史维修信息；不勾中则在其上面选择时间段。

(2) 设置具体查询条件。在下拉选项中选择查询所按照的条件。

(3) 查询。点击『查询』按钮，系统列出符合条件的车辆维修历史信息。

(4) 导出 Excel 文件。点击『导出文件』按钮，将查询结果导出成 Excel 表

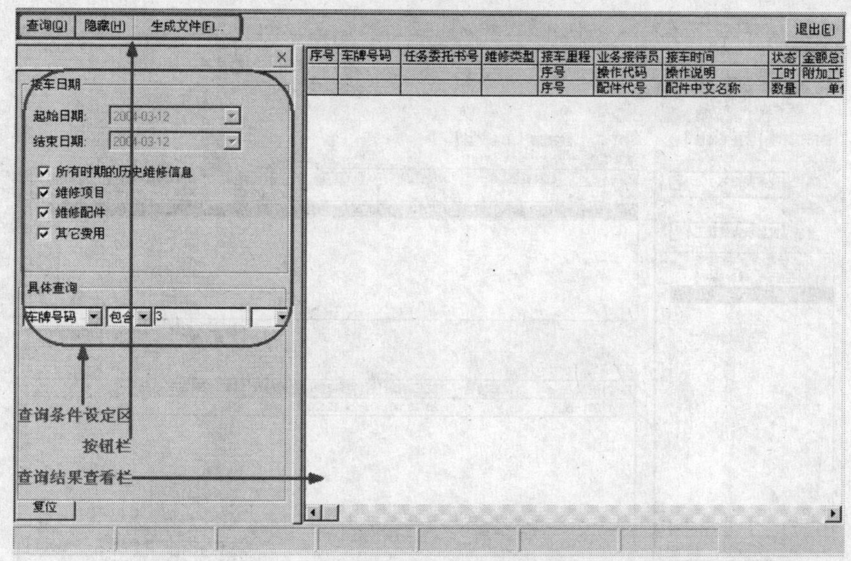

图 3-36　历史维修信息查询界面

格,以便保存。

五、车间管理

给各维修项目分配维修工时,打印工人的工时分配单;详细记录工人工作情况,包括某工人的开工时间、完工时间;记录车辆试车等车辆的出入记录。

1. 车间管理

针对委托书,记录工人工作的详细情况,包括开工和完工的具体时间;车辆的试车出入记录。这个功能可以根据用户需要选用,在“系统管理”的“系统及打印设置”中设置。还可以根据班组来派工,并可将同一维修项目的工时分配给不同的班组或工人。

【进入方式】在系统主菜单“车间管理”的下拉菜单中选择“车间管理”(如图 3-37)。

(1) 按工人派工。如果系统设置(在“系统管理”的“系统打印及设置”中进行设置)的是“有班组管理”,派工时,系统以班组为单位进行派工;如果设置的是“无班组管理”,系统则以工人为单位进行派工。

【操作步骤】如下:

① 调出任务委托书。在委托书查询区,通过查询调出所需委托书。注意委托书查询时,若选择“仅显示待处理工单”,查询后在列表中仅显示可做车间管理的工单;若选择“显示所有工单”,则查询后在列表中显示所有委托书记录(如

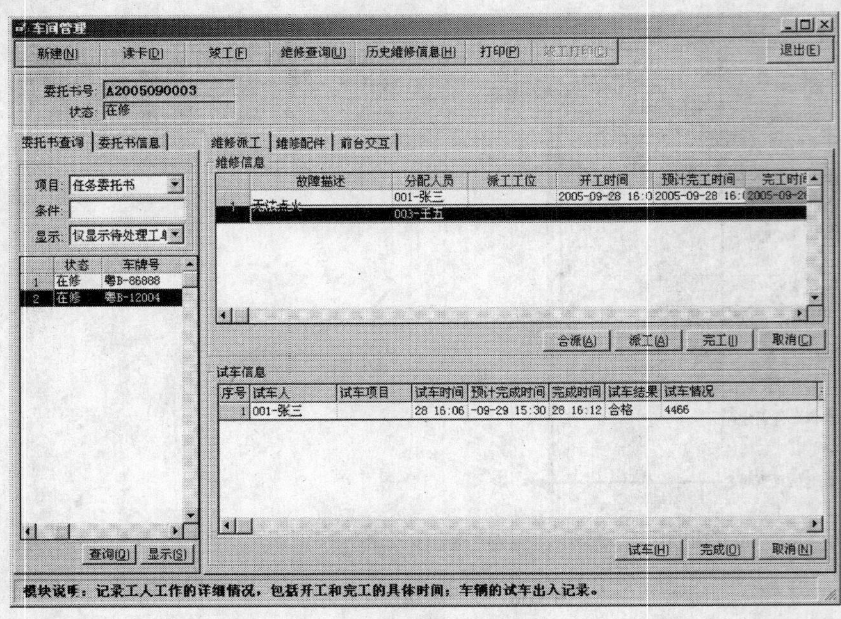

图 3-37　车间管理界面

图 3-38）。

② 记录开工时间。选择“故障描述栏”中的一个项目，然后点击『派工』按钮，在弹出的操作窗口中编辑派工信息。编辑完成点击『确定』按钮。

③ 记录项目完工时间。项目完成后，在“故障描述栏”中选择此项目，然后点击『完工』按钮，在弹出的操作窗口中编辑完工检验结果和完工时间，编辑完成后，点击『确定』按钮。

图 3-38　委托书查询与调出

④ 合派。可以将同一维修任务分派给不同的工人。派完第一个工人的后，点击『合派』按钮选择第二个工人。

(2) 按班组派工。操作步骤如下：

① 调出任务委托书。在委托书查询区，通过查询调出所需委托书。

② 在班组的信息栏中选择被分派的班组(如图3-39)。其他派工信息的填写，可以参考"本课题、五、1.(1)按工人派工"。

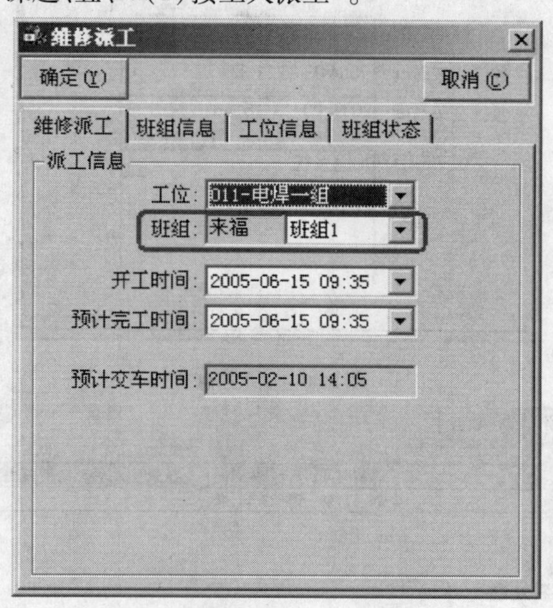

图3-39 维修派工

③ 合派。可以将同一维修任务分派给不同的班组。派完第一组的后，点击『合派』按钮，选择第二组班组。

(3) 车辆进出管理。车主需要从维修车间取车试车，此处记录车主取用时间和归还时间。

① 根据车辆，调出所需委托书。

② 出车记录。在试车栏中点击『试车』按钮，在弹出的操作窗口中添加试车人和试车项目，然后点击『增加』按钮(如图3-40)。

③ 归还车辆记录。试车完毕，点击『完成』按钮，在弹出的操作窗口中输入还车时间和试车情况及结果，然后点击『确定』。

(4) 车间待料管理。如果车间所需配件没有库存，需要待料处理(如图3-41)。

① 调出所需委托书。

试车
增加(A) 修改(H) 取消(C)
试车信息 工人信息
试车人: 004 林世芳
开始时间: 2004-03-26 11:37
预计完成时间: 2004-03-26 11:37
预计交车时间: 2004-03-19 16:53
试车项目: 加速系统

图 3-40 试车信息

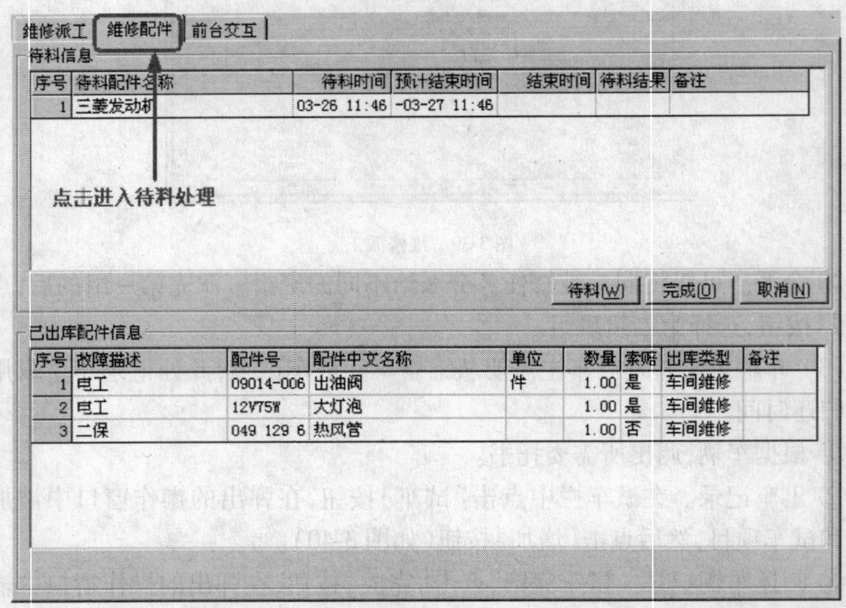

图 3-41 车间待料处理

② 添加待料配件。点击『维修配件』面板标题进入待料处理。点击『待料』按钮,在弹出的操作窗口中添加待料配件名称和预计结束时间(到料时间)。然后点击『确定』按钮。

③ 解除待料。到料后，选择一个待料状态的配件，记录然后点击『完成』按钮，在弹出的操作窗口中输入待料结束时间和待料结果。

(5) 车间与前台交互管理。在车间维修过程中，发现车辆新的故障，需要前台与顾客联系确定是否对初步诊断中没有发现的故障进行维修，由工人将问题提交到前台，和前台进行交互，作出交互处理(如图3-42)。

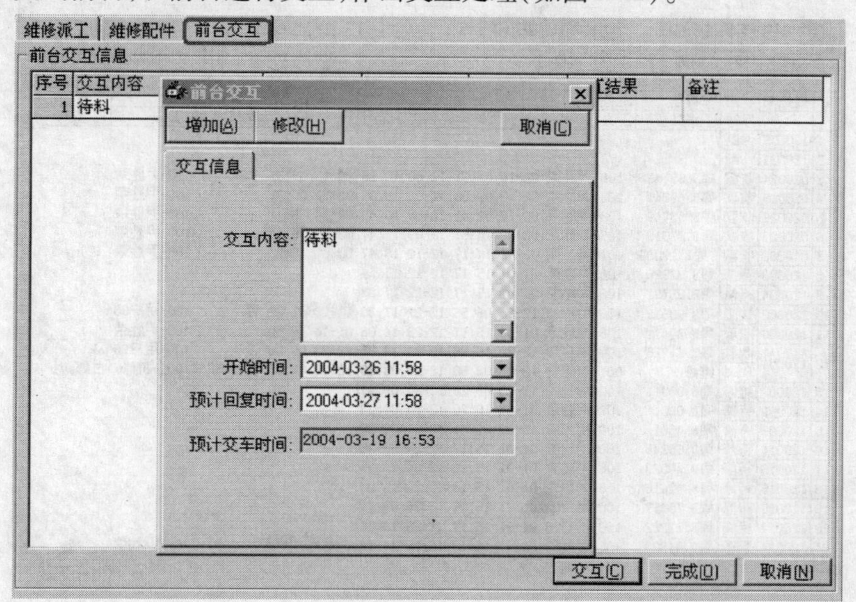

图3-42 车间与前台交互处理

① 调出所需委托书。

② 添加交互项目。点击『前台交互』面板标题进入交互处理。点击『交互』按钮，在弹出的操作窗口中添加交互内容和交互开始时间，然后点击『增加』按钮。

③ 解除交互。点击『完成』按钮，在弹出的操作窗口中添加前台回复时间和回复结果。

(6) 其他功能：

① 历史维修信息。点击切换到历史维修信息查询操作窗口。

② 车间查询。点击顶部『车间查询』按钮，切换到车间维修进度查询窗口。

③ 竣工。点击『竣工』按钮，将委托书状态转成“竣工”状态。

2. 车间查询

查询车辆维修进展，可以查询列出未结算委托书、已派工项目、当天开工项目、未结束项目等。这个功能可以根据用户需要选用，在“系统管理”的“系统及打印设置"中设置。

【进入方式】在系统主菜单"车间管理"的下拉菜单中选择"车间查询"(如图3-43)。

NO	委托书	状态 序号	车牌号 工作类型	业务接待 工人	入厂时间 开始时间	预交车时间 预结束时间	竣工时间 结束时间	洗车 索赔	竣工人 工种/工位	总检 内容
1	120005	诊断								
2	120031	诊断								
3	020024	收款	粤B.65749	108-尹胜荣	02-10 09:31	12-08 10:26	02-10 09:31		108-尹胜荣	
4	020025	收款	粤B.65749	108-尹胜荣	02-10 09:36	12-08 10:35	02-10 09:37		108-尹胜荣	
5	020026	收款	粤B.65749	108-尹胜荣	02-10 09:41	12-08 10:40	02-10 09:42		108-尹胜荣	
6	020023	收款	粤B.S7510	108-尹胜荣	02-09 16:51	12-09 17:47	02-09 16:51		108-尹胜荣	
7	010082	收款	.粤B.29006	107-吴小明	02-02 14:17	12-12 18:47	02-09 16:53		108-尹胜荣	
8	120003	待修	粤B.93920	108-尹胜荣	01-01 15:17	12-22 16:14				
9	120004	待修	粤B.85797	108-尹胜荣	01-01 15:17	12-22 17:03				
10	120002	竣工	粤B.93512	100-用户98	12-23 08:55	12-22 17:30	12-23 10:23	否	100-用户98	
11	120006	收款	粤B.R0471	108-尹胜荣	01-01 15:17	12-23 14:08	01-16 10:50		108-尹胜荣	
12	120001	收款	粤B.C1926	100-用户98	12-22 16:28	12-23 14:37	12-23 09:00	否	100-用户98	ok
		1	维修	001-徐德贵	12-23 08:58	12-23 08:58	12-23 08:58	否	机修/001-机修	二级维护
13	120007	维修	粤B.0001	100-用户98	12-23 09:23	12-24 09:21				
14	120009	待修	粤B.0001	108-尹胜荣	01-01 15:20	12-24 09:23				
15	120008	待修	粤B34561	100-用户98	12-23 09:41	12-24 09:29				
16	120011	待修	粤B.56245	100-用户98	01-01 15:17	12-24 09:48				
17	120013	待修	粤B.A0029	108-尹胜荣	01-01 15:18	12-24 13:34				
18	120015	待修	粤B.42416	108-尹胜荣	01-01 15:18	12-24 16:08				
19	120010	待修	粤B.76657	100-用户98	01-01 15:17	12-25 09:41				
20	120012	待修	粤B.33222	100-用户98	01-01 15:17	12-25 13:56				
21	120014	交车	粤D.04823	108-尹胜荣	01-01 15:18	12-25 14:24	02-06 10:41		108-尹胜荣	

图3-43 车间查询界面

操作步骤如下:

(1) 确定查询条件。

查询内容:在下拉选项中选择"车辆维修过程"、"车间工作列表"。

项目:根据查询内容的不同,可以在下拉选项中选择。

排序:可以选择按照委托书号、车牌号、入厂时间、预交车时间、竣工时间的顺序或者倒序排列查询结果。

条件:输入查询结果包含的内容。比如"项目"是"委托书号码",输入"条件"为"001",系统仅列出委托书号含"001"的委托书。

仅列出未结算委托书/仅列出已派工项目/仅列出今天开工项目/仅列出未结算项目:选择前面的复选框,系统按照这些要求列出查询结果。

(2) 查看查询结果。点击『查询』按钮,系统列出查询结果。

3. 工时分配

按照维修项目给班组或工人分配工时,能将同一维修项目的工时分配给不同的班组或工人。

【进入方式】在系统主菜单“车间管理”的下拉菜单中选择“工时分配”(如图3-44)。或在初始界面顶部快捷菜单中点击“工时分配”图标 工时分配(C)。

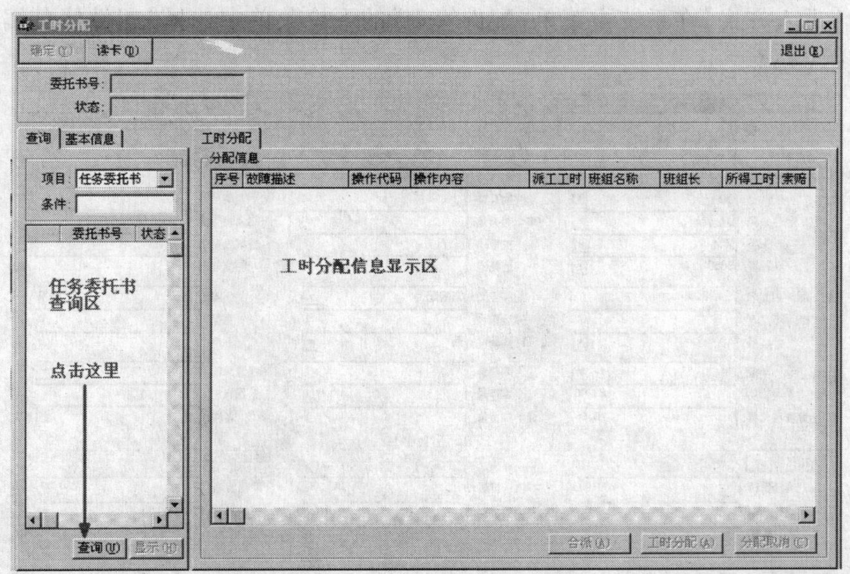

图3-44 工时分配界面

操作步骤如下:

(1) 调出任务委托书。输入查询条件,点击『查询』按钮,然后选择并双击所需任务委托书。

(2) 分配工时。如果系统设置(在“系统管理”的“系统打印及设置”中进行设置)的是“有班组管理”,派工时,系统以班组为单位进行派工;如果设置的是“无班组管理”,那么系统以工人为单位进行派工。

① 按工人派工。选择要分配工时的项目,点击『工时分配』按钮,在弹出的工时分配操作窗口中编辑“分配工时数量”和选择维修工人,然后点击『确定』按钮。

② 按班组派工。选择要分配工时的项目,点击『工时分配』按钮,在弹出的工时分配操作窗口中编辑“分配工时数量”和选择班组,然后点击『确定』按钮。

(3) 打印派工条。点击『预览』按钮,预览派工条,然后点击『打印』按钮进行打印。

六、配件管理

对配件的进、销、存进行管理,设置配件类别,查看库中配件情况,完成配件的订货、入库、出库管理,另外还具有调整、盘点、对冲等功能。

1. 配件信息编辑

将配件信息存入系统,以便相应的配件入库。

【进入方式】在系统主菜单"配件管理"的下拉菜单中选择"配件信息编辑"(如图 3-45)。

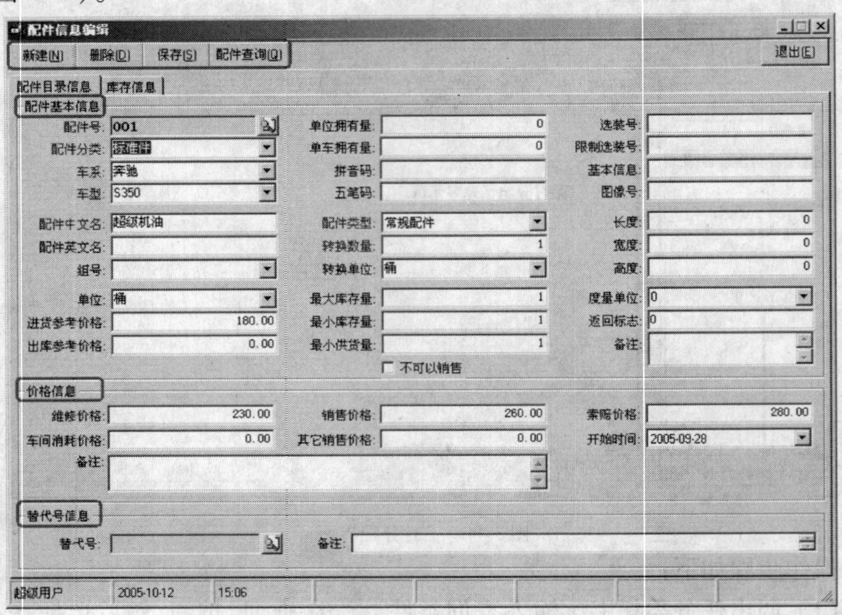

图 3-45　配件信息编辑界面

(1) 配件目录信息。编辑配件基本信息和价格信息,编辑完成后点击『保存』按钮即可。

① 配件基本信息。

配件号:配件在系统中的编号。最好自定义一套有规律的配件编号,以方便操作和记忆。

配件分类:在下拉选项中选择配件类型。在"配件分类"(位于"系统管理"的"配件管理")中定义配件类型。

车系/车型:在下拉选项中选择对应的项目。

配件中/英文名:配件的中英文名称。

单位:在下拉选项中选择配件的单位名称。

进货参考价格/出库参考价格:仅作为此配件的参考价格,并不是相应的实际价格。

单位拥有量/单车拥有量:一辆车上含有此种配件的数量。

起始日期/终止日期:此配件信息的有效期限。

配件类型:在下拉选项中选择配件类型。

转换数量/转换单位:配件出库时转换成的数量。如,1000/毫升,在出库时,此配件以“毫升”为单位计算出库量。

最大库存量/最小库存量:此配件的库存量界限,以作为积压和短缺的标准。

最小供货量:订货时,此类配件每一批次的最小定购量。

选装号/限制选装号:此配件的备选号,用于车辆销售时选择安装配件。

基本信息:选装号的备注信息。

图像号:配件自带的图像的编号。

长度/宽度/高度:配件规格。

度量单位:配件规格单位。如,毫米,厘米。

不可以销售:勾中此复选框后,此配件不可以用于单独销售,仅可用于车间维修。

② 价格信息。在配件入库时,这些价格会成为系统默认的价格被自动输入,但是可以手动编辑相应的价格信息。

③ 替代号信息。在此配件库存为0时,可以代替此配件出库的属于其他车系的同类配件的配件号。

(2) 库存信息。查看配件在某一历史时段的出入库记录,并可以更改其成本价格。操作步骤如下:

① 在图3-45中点击“库存信息”面板标题(如图3-46)。

② 确定配件。点击顶部的『配件查询』按钮,在弹出的配件查询窗口中调出要查询的配件,并双击其信息条。

③ 在“事务类型”中选择“入库”、“出库”等,然后确定日期范围,点击查询图标,系统列出此配件相应的相关的历史信息。

④ 更改成本价。手工修改某种配件的成本价格。

2. 配件订货

保存订货信息,打印订货单。系统提供自动订货功能。【进入方式】在系统主菜单“配件管理”的下拉菜单中选择“配件订货”(如图3-47)。

(1) 常规订货。

① 编辑订货单信息。订货类型:分为常规订货和紧急订货。配件分类:在下拉选项中选择订货配件类型。订货日期:默认为系统当前时间。

② 添加订货配件。点击顶部『查询』按钮,在弹出的查询窗口中,输入查询条件,点击查询图标,查询出所需配件信息条。选择所需配件,点击顶部的『增加』按钮,在弹出的对话框中输入订购配件数量。

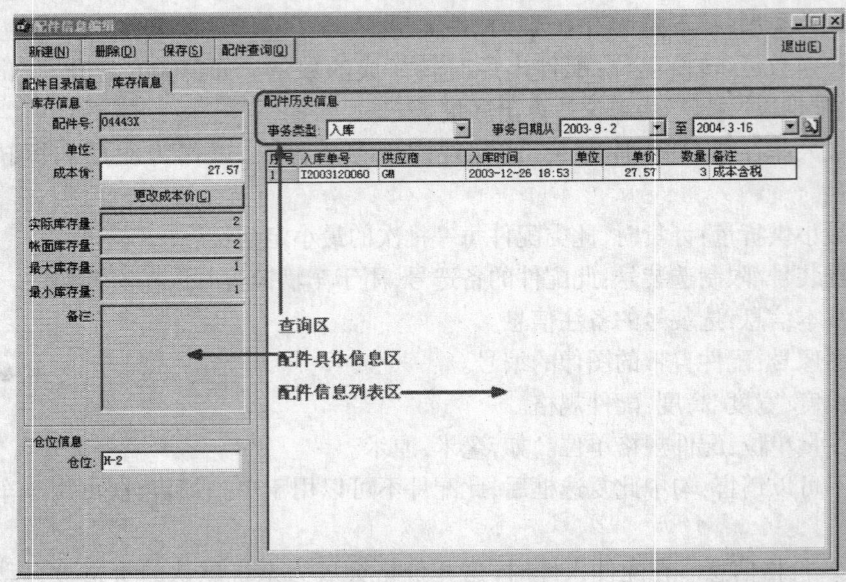

图 3-46　配件库存信息编辑

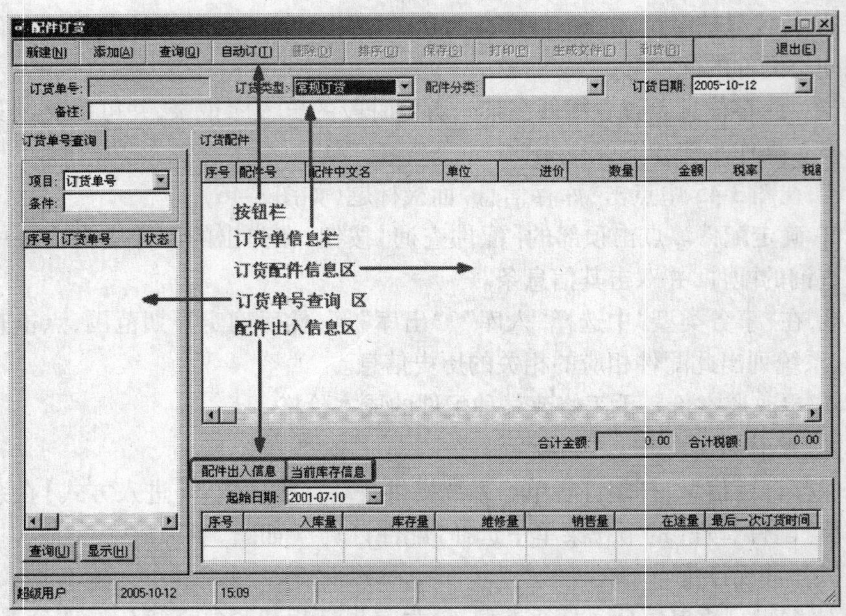

图 3-47　配件订货编辑界面

【注意事项】在“配件分类”的下拉选项中选择的配件类型要与图中“配件订货单信息栏”的“配件分类”一致，否则无法成功添加订购配件。

③ 保存订货单。点击『保存』按钮，保存订货单。

(2) 其他功能。

① 自动订:选择“配件分类”后,在弹出的窗口中选择订货方式,系统根据不同订货方式自动列出此类配件中库存量小于最小库存/库存量大于最大库存的配件,即需要订货的配件。

② 添加:在“订货配件”信息列表中的末尾增加一条空记录,添加一种新的配件。

③ 删除:删除某一配件信息条。

④ 排序:将“订货配件”信息列表中的配件按照配件号的顺序排列。

⑤ 生成文件:将配订货单导出成 Excel 表格形式,便于配件入库时导入入库配件信息列表。

⑥ 到货:配件到货后,此订货单不可以更改,保存在系统中作为订货记录以供查询。到货后可选择是否进行入库操作。

⑦ 订货单查询区:调出历史订货单,以便打印或查阅。

⑧ 配件出入信息栏:显示“订货配件”信息列表中当前选中的配件的出入库信息,包括“最后一次订货时间”、“维修量”和“销售量”等信息。

3. 配件入库

记录配件入库信息,确定配件出库价格。配件入库,可以分为 3 种:常规入库、扫描入库、文件导入方式入库。在系统主菜单“配件管理”的下拉菜单中选择“配件入库”(如图 3-48)。

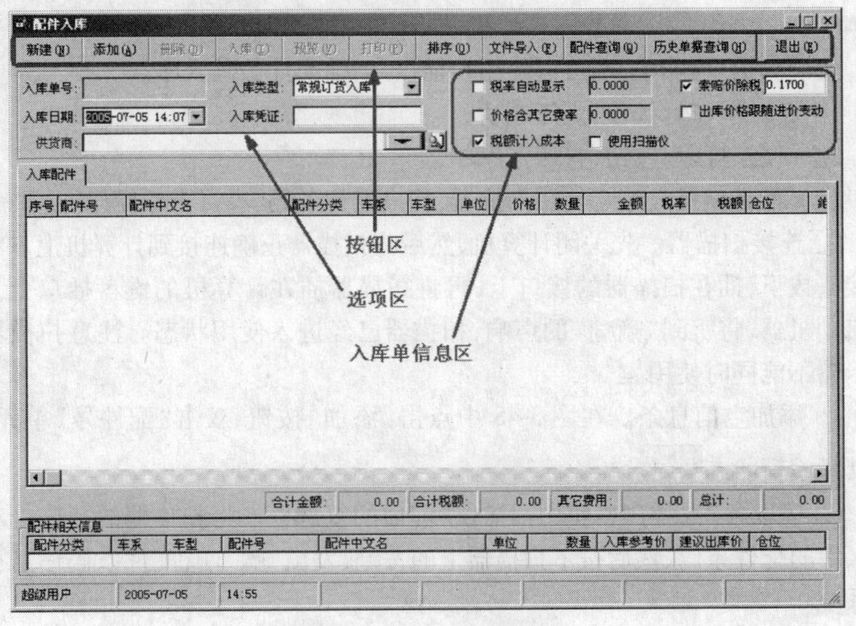

图 3-48 配件入库编辑界面

（1）常规配件入库。配件按照常规的操作入库。

① 编辑入库单相关信息。如入库单号、入库日期、入库类型、入库凭证、供货商。

② 选择入库配件。点击『配件查询』按钮，通过查询调出所需配件，在配件列表中选择并双击配件信息条。系统自动将此配件的信息列入入库单的“入库配件”信息区中。编辑此配件的数量、税率等信息，系统自动计算“金额”单元格中的数值。

按照以上的方法继续添加此次入库配件，系统会统计并显示此入库单的统计金额。

③ 选项区选项解释。

税率自动显示：添加配件之前，勾中前面的复选框后，输入税率值；在选择配件时，“税率”单元格自动输入税率值。

索赔价除税：添加配件之前，勾中前面的复选框后，输入税率值；系统自动计算“索赔出库价”。

出库价格跟随进价变动：勾中前面的复选框后，此配件出库时，配件的“维修出库价格”、“销售出库价格”和“索赔出库价格”根据配件的加价率来计算，不按照此处的价格计算。

税额计入成本：根据财务成本统计的需要，勾中则将税额计入配件成本。

使用扫描仪：勾中，则可以使用扫描仪，扫描配件条码入库。

④ 点击『入库』按钮，入库成功。

⑤ 点击『打印』按钮，打印入库单。

（2）配件扫描入库。使用扫描器，扫描配件条码，进行入库操作。

① 连接扫描器。先关闭计算机，然后将扫描器正确连接到计算机上。将键盘接头拔下，插在扫描器的接口上，再将扫描器插在计算机的键盘插口上。重新启动机器，将听到“嘀嘀”的声响，扫描器已经进入使用状态。注意扫描器和读卡器不能同时使用。

② 添加空信息条。在图 3-48 中点击『添加』按钮，双击“配件号”单元格，使其呈编辑状态 配件号 。

③ 读取条码。勾中“使用扫描仪”前面的复选框。将扫描器的扫描口对准要入库的配件条码，然后按下扫描器上的按键，发出“嘀”响，配件条码信息被读入系统。

④ 编辑配件其他信息。如果是新配件，那么配件信息条中的其他各栏为

空，需要手动编辑；如果是以前入过库的配件，系统中存有此配件的信息，其他信息会根据条码由系统自动输入。

⑤ 重复③和④步骤继续扫入其他配件。

(3) 文件导入方式入库。将“配件订货”中导出的配件订购 Excel 信息表格直接导入到入库单中，进行配件入库。

① 点击『文件导入』按钮，在弹出的对话框中选择配件订货 Excel 文件。

② 导入后，编辑配件其他信息。

(4) 查询历史入库单。查看历史入库单信息。

① 在图中点击『历史单据查询』，在弹出的窗口中输入查询条件，点击查询图标，系统列出符合条件的查询结果。

② 双击信息条，查看入库单详细信息。

③ 打印历史入库单。不可以编辑历史入库单，但是可以点击『打印』按钮预览历史入库单，点击『打印』按钮打印历史入库单。

4. 配件出库

根据任务委托书出库配件，打印配件出库单作为领料凭条。

【进入方式】在系统主菜单“配件管理”的下拉菜单中选择“配件出库”（如图 3-49）。在初始界面顶部快捷菜单中点击“配件出库”图标 配件出库(D)。

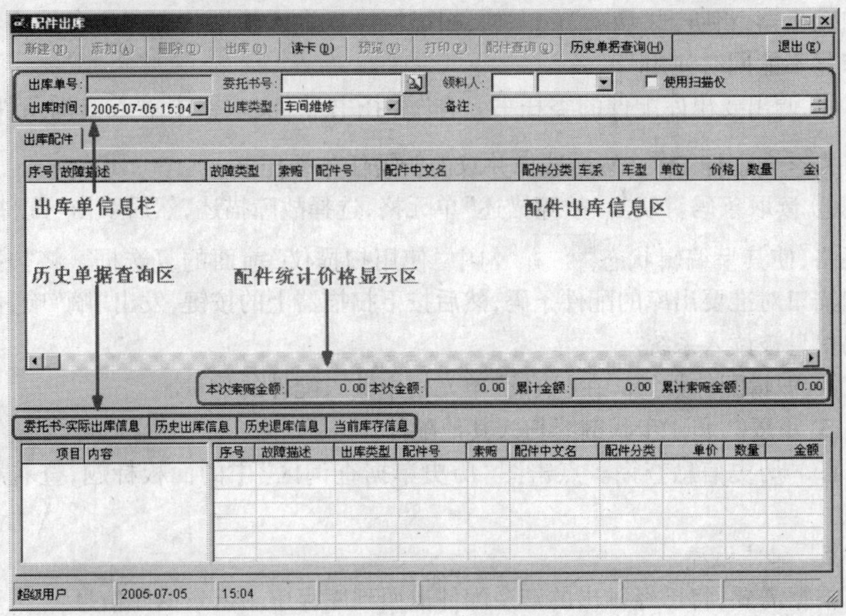

图 3-49　配件出库编辑界面

(1) 常规配件出库。配件按照常规的操作出库。

① 调出要出库配件的任务委托书。在“委托书号”文本框中输入查询条件,点击查询图标,然后选择并双击所需任务委托书,委托书中的待出库配件被自动带入。

② 也可向任务委托书中添加维修配件。点击『配件查询』按钮,在弹出的窗口中先选择故障描述,然后输入配件查询条件,点击查询图标。

在配件信息列表中选择并双击所需配件,然后编辑配件“数量”,点击『确定』按钮。

根据维修项目,逐一添加配件直到添加完成。

③ 选择“领料人”。在“领料人”的下拉选项中选择领料工人。

④ 配件出库。点击顶部的『出库』按钮,系统生成出库单号,配件成功出库。

⑤ 打印出库单。点击顶部的『预览』按钮预览出库单,点击顶部的『打印』按钮打印出库单。

(2) 配件扫描出库。使用扫描器,扫描配件条码,进行出库操作。

① 连接扫描器。先关闭计算机,然后将扫描器正确连接到计算机上。将键盘接头拔下,插在扫描器的接口上,再将扫描器插在计算机的键盘插口上。重新启动机器,将听到“嘀嘀”的声响,扫描器已经进入使用状态。注意扫描器和读卡器不能同时使用。

② 调出要出库配件的委托书。在“委托书号”文本框中输入查询条件,然后点击查询图标。然后选择并双击所需任务委托书。

③ 读取条码。双击“故障描述”单元格,选择故障描述,然后双击“配件号”单元格,使其呈编辑状态。勾中“使用扫描仪”前面的复选框。将扫描器的扫描口对准要出库的配件条码,然后按下扫描器上的按键,发出“嘀”响,配件条码信息被读入系统。

④ 编辑配件数量。在“数量”单元格中输入配件的数量。

⑤ 重复③和④步骤继续扫入其他配件。

(3) 历史信息查询。点击图“历史单据查询区”中的面板标题,查看相关信息。

5. 配件退库

根据需要,将已经领出的富余配件退回到库存中。记录退库信息。

【进入方式】在系统主菜单“配件管理”的下拉菜单中选择“配件退库”(如图3-50)。

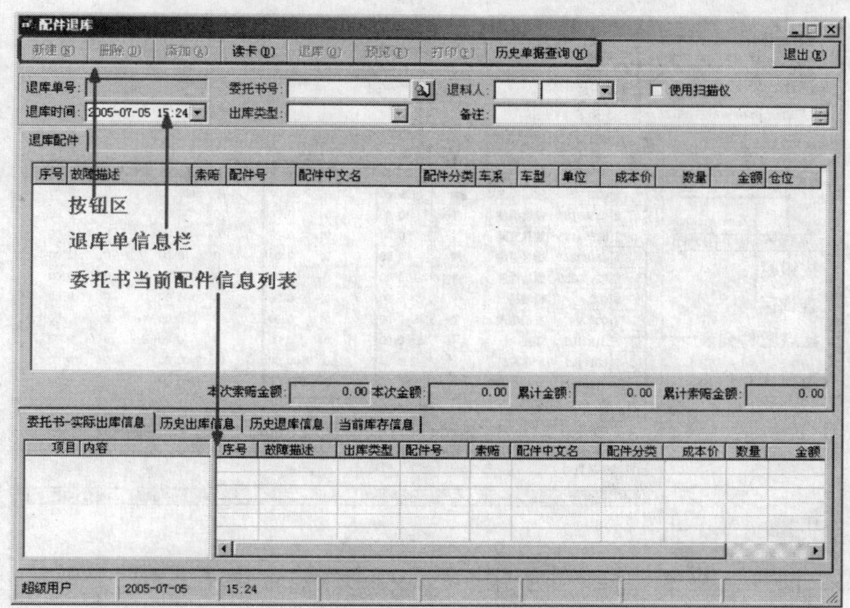

图 3-50　配件退库编辑界面

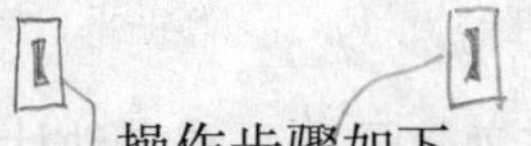

操作步骤如下:

① 编辑退库单信息。

② 调出需要退库配件的委托书。在“委托书号”文本框中输入查询条件,点击查询图标,然后选择并双击所需任务委托书。

③ 选择退库配件。在委托书当前配件信息列表中选择并双击要退库的配件信息条。

④ 编辑退库配件数量。

⑤ 点击『退库』按钮,退库成功。

⑥ 点击『历史单据查询』按钮查看历史退库单据信息。

6. 配件盘点

按照仓库盘点配件,得出盈亏,调整配件账面库存。

【进入方式】在系统主菜单“配件管理”的下拉菜单中选择“配件盘点”(如图 3-51)。

操作步骤如下:

① 编辑盘点单信息。

② 调出配件信息。点击『添加』按钮添加一条空的配件信息记录,然后点击『配件查询』按钮,在弹出的窗口中选择查询出的配件。

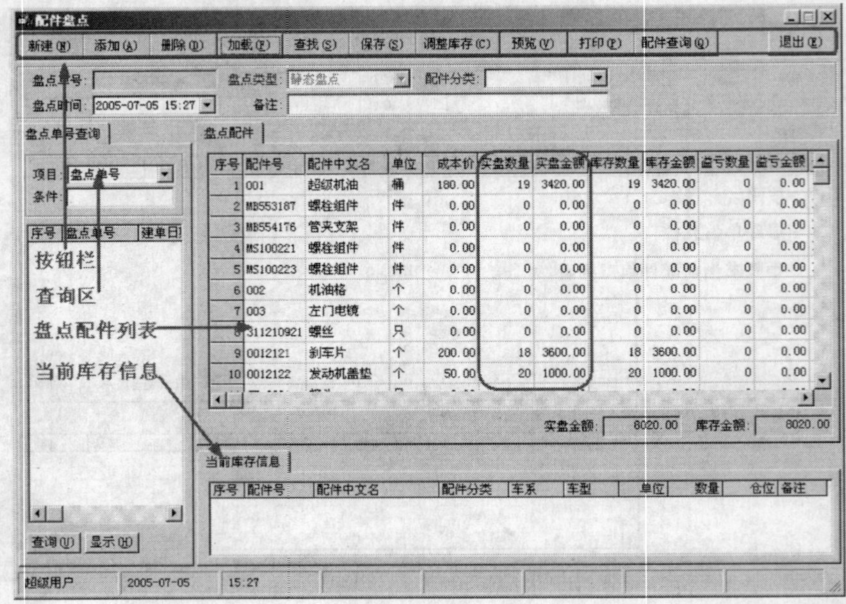

图 3-51　配件盘点编辑界面

③ 填入实际库存数量。根据实际盘点数量，编辑"实盘数量"，系统自动计算实盘金额和库存金额。

④ 保存盘点结果。点击『保存』按钮，系统生成盘点单号，保存盘点结果。

⑤ 调整库存。点击顶部『调整库存』按钮，系统自动将配件的"库存数量"调整到和"实盘数量"一致。

⑥ 查找配件。点击『查找』按钮，在弹出的窗口中输入要查找的配件号，点击『查找下一个』按钮，系统将在配件盘点列表中查找到该配件，并用蓝色信息条标识。若选中"模糊查询"选项框，则查询配件号中包含所输入配件号的全部配件，否则按输入配件号精确查找该配件。

7. 配件结存

定期保存配件在某个时间的库存量，以便查询和核对库存。

【进入方式】在系统主菜单"配件管理"的下拉菜单中选择"配件结存"（如图 3-52）。

操作方法如下：

① 结存。点击『结存』按钮，系统自动结存。结存时间为结存时的系统当前时间。

② 打印。点击『打印』按钮，打印结存单。

配件结存

查询(Q) 结存(H) 隐藏(H) 打印(P) 生成文件(F)... 退出(E)

配件结存信息

序号	配件结存单名称	结存日期
1	2005-07-05 15:46:49	2005-07-

	配件号	配件名	配件分类	
1	001	超级机油	标准件	奔驰
2	MB553187	螺栓组件	标准件	本田
3	MB554176	管夹支架	标准件	本田
4	MS100221	螺栓组件	标准件	本田
5	MS100223	螺栓组件	标准件	本田
6	002	机油格	标准件	奔驰
7	003	左门电镜	标准件	奔驰
8	31121092107	螺丝	31-前桥	宝马
9	0012121	刹车片	标准件	奔驰
10	0012122	发动机盖垫	标准件	奔驰
11	JT-0001	接头	标准件	铃木
12	D1153-0000	电子扇	标准件	铃木
13	JY-0001	超凡机油	机油类	全车
14	1408301125	风口	电器、空调系	S600
15	1408802558	牌照板	车身系统	S600
16	1305233938	角灯(白L)	电器、空调系	S600
17	1408800318	左前叶子板	车身系统	S600
18	DD-0001	KA9尾灯	电器、空调系	本田
19	1407580058	140尾星	车身系统	S600
20	0059889778	马仔	车身系统	S600

图 3-52　配件结存界面

8. 配件入库冲红

配件入库数量多出实际数量时，在此模块中修改历史入库单中的配件数量，以便纠正入库误差。

【进入方式】在系统主菜单“配件管理”的下拉菜单中选择“配件入库冲红”（如图 3-53）。

操作方法如下：

① 调出入库单。在“入库单号”中输入查询条件，然后点击查询图标，在弹出的入库信息单中选择并双击所需入库单信息条。

② 添加冲红配件。在历史入库信息列表中选择并双击要退库的配件信息条。

③ 编辑冲红配件数量。在“数量”单元格输入配件实际入库数量。此数量只可低于历史入库数量，不可高于历史入库数量。

④ 点击『冲红』按钮，系统生成冲红单号，完成配件冲红。

⑤ 点击『预览』按钮，预览冲红单。

⑥ 点击『打印』按钮，打印冲红单。

⑦ 查询历史冲红单。点击『历史单据查询』按钮，在弹出的操作窗口中可以查询历史冲红单。

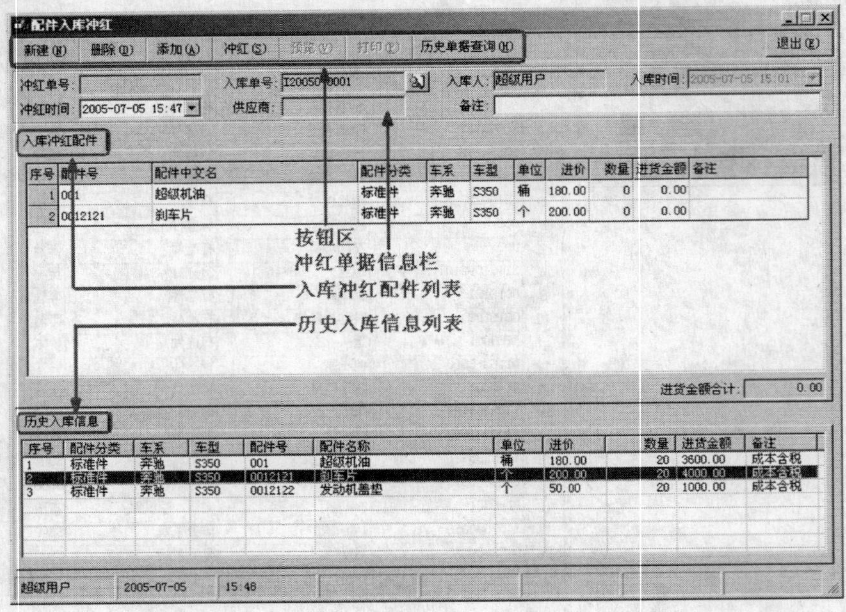

序号	配件号	配件中文名	配件分类	车系	车型	单位	进价	数量	进货金额	备注
1	001	超级机油	标准件	奔驰	S350	桶	180.00	0	0.00	
2	0012121	刹车片	标准件	奔驰	S350	个	200.00	0	0.00	

序号	配件分类	车系	车型	配件号	配件名称	单位	进价	数量	进货金额	备注
1	标准件	奔驰	S350	001	超级机油	桶	180.00	20	3600.00	成本含税
2	标准件	奔驰	S350	0012121	刹车片	个	200.00	20	4000.00	成本含税
3	标准件	奔驰	S350	0012122	发动机盖垫	个	50.00	20	1000.00	成本含税

图 3-53　配件入库冲红编辑界面

9. 批量配件价格调整

根据需要调整全部、某类、某车系或者某车型配件的加价率，其相应的价格随之改变。

【进入方式】在系统主菜单“配件管理”的下拉菜单中选择“批量配件价格调整”（如图 3-54）。

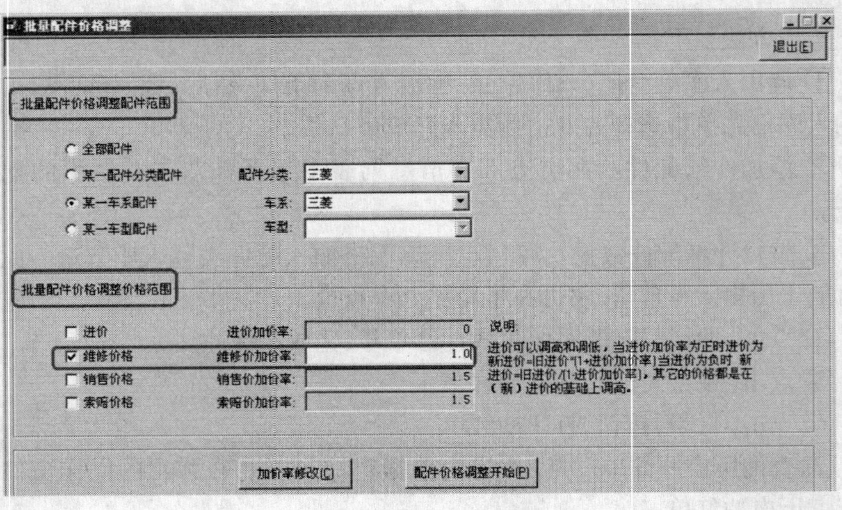

图 3-54　批量配件价格调整编辑界面

操作步骤如下:

(1) 选择批量配件价格调整配件范围。只能选择其中一种,选中后,在后面的下拉选项中选择相应的内容。

① 全部配件:选中前面单选框,则配件价格调整对象为系统中保存的所有配件。

② 某一配件分类配件:选中前面单选框,则配件价格调整对象为系统中保存的某一类型的配件。

③ 某一车系配件:选中前面单选框,则配件价格调整对象为系统中保存的某一车系的配件。

④ 某一车型配件:选中前面单选框,则配件价格调整对象为系统中保存的某一车型的配件。

(2) 确定批量配件价格调整价格范围。可以选择多种,选中后,在后面的文本框中输入相应的加价率。

① 进价:可以是正数也可以是负数。负数表示调低进价,在原来的进价基础上减少相应的比率。

② 维修价加价率:配件维修出库价格 = 配件入库价格 ×(1 + 维修价加价率)

③ 销售价加价率:配件销售出库价格 = 配件入库价格 ×(1 + 销售价加价率)

④ 索赔价加价率:配件索赔出库价格 = 配件入库价格 ×(1 + 索赔价加价率)

(3) 加价率修改。点击『加价率修改』按钮,修改加价率。“配件分类”(位于“系统管理”的“配件管理”)中的加价率被修改。

(4) 配件价格调整。点击『配件价格调整开始』按钮,系统根据修改后的加价率自动库存配件的相应价格。

10. 耗材出库

维修过程中所需耗材的出库。

【进入方式】在系统主菜单“配件管理”的下拉菜单中选择“耗材出库”(如图 3-55)。

操作步骤如下:

(1) 点击『添加』按钮,出库耗材信息列表中增加一条空白记录,在该记录的“配件号”单元格输入耗材编号,回车或在该单元格外点击鼠标左键,系统自动显示耗材信息。

(2) 编辑耗材数量。

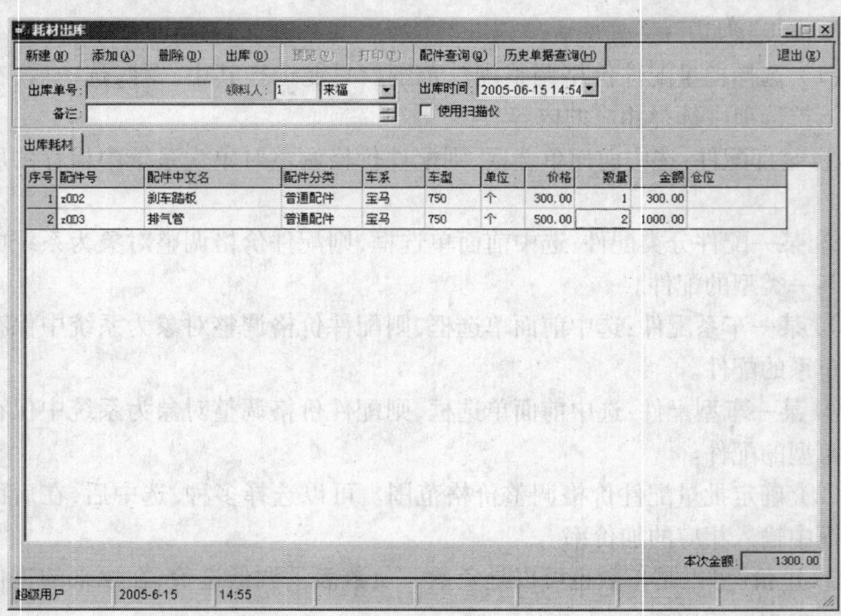

图 3-55　耗材出库编辑界面

（3）选择“领料人”和“出库时间”等信息。

（4）点击『出库』按钮，耗材出库成功。

11. 配件销售

系统支持配件独立柜台销售，包括柜台销售、批发销售、配件调拨和配件外借等类型。可以单独建立和保存新的临时客户信息，也可以直接调出车主客户；直接出库库存配件，支持销售折扣设定。

【进入方式】在系统主菜单“配件管理”的下拉菜单中选择“配件销售”（如图 3-56）。在初始界面顶部快捷菜单中点击“配件销售”图标 配件销售(P) 。

（1）配件销售出库。

① 确定客户信息。如果是维修客户或者老客户，系统中会存有其信息，则通过“客户查询”调出客户信息。点击『客户查询』按钮，在弹出的操作窗口中输入查询条件，查出客户信息。如果是新客户，则通过“客户登记”录入客户信息。点击『客户登记』按钮，在弹出的操作窗口中输入客户基本信息，点击『确定』按钮，客户信息将被保存在系统中。在“客户信息区”可以看到录入的内容。

② 编辑销售单信息。

③ 添加配件。

④ 查询添加。点击『配件查询』按钮，调出所需配件列表，双击配件信息条，系统将配件信息导入到“销售配件列表”中。

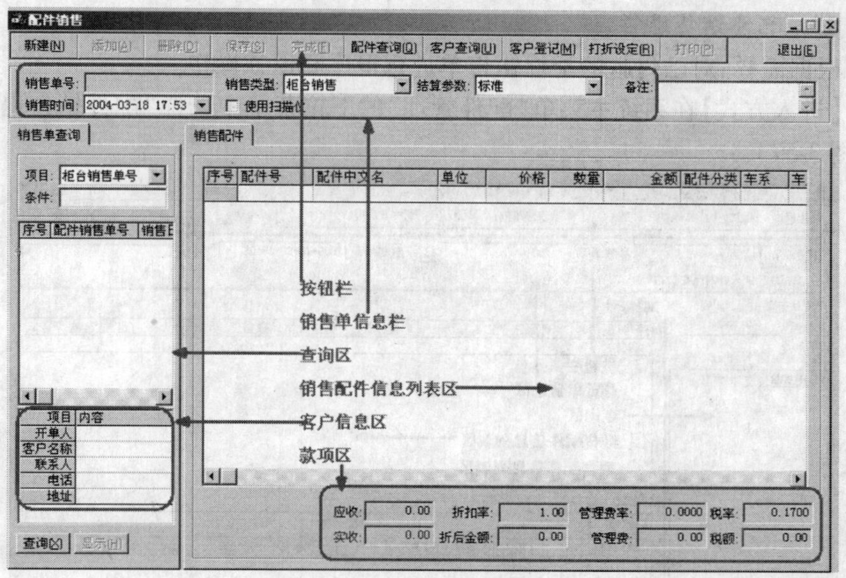

图 3-56　配件销售出库编辑界面

⑤ 扫描添加。勾中“使用扫描仪”前面的复选框，使用扫描器进行添加配件的操作，具体操作步骤请参照“本课题、六、3.(2)配件扫描入库”。

⑥ 保存销售单。点击『保存』按钮，系统生成销售单号，但是配件仍然没有出库。

⑦ 打折设定。根据需要在“应收金额”基础上设定优惠折扣，用来更改“实收金额”。点击『打折设定』按钮，在弹出的对话框中输入“折扣”和系统登陆密码，点击『确定』按钮。

⑧ 配件出库。点击『完成』按钮，完成配件出库。打印销售单。点击『打印』按钮，打印销售单。

(2) 配件销售退库。根据需要，要对销售后但未付款的配件进行退库。

① 调出销售单号。在“查询区”的“条件”文本框中输入查询条件，然后点击『查询』按钮，选择并双击所需销售单。

② 确定退库。在弹出的“是否退库”的提示框中选择『是』按钮，对此单进行退库操作。

③ 编辑退库配件数量。双击配件“数量”单元格使之呈编辑状态 数量 -0，输入退库数量。前面的负号表示退库。系统自动计算退库合计金额，负号表示要退的款项。

④ 点击『完成』按钮，完成退库过程。

12. 配件销售退货

根据需要，对已付款的配件销售单进行退库和退款操作。

【进入方式】在系统主菜单“配件管理”的下拉菜单中选择“配件销售退货”（如图 3-57）。

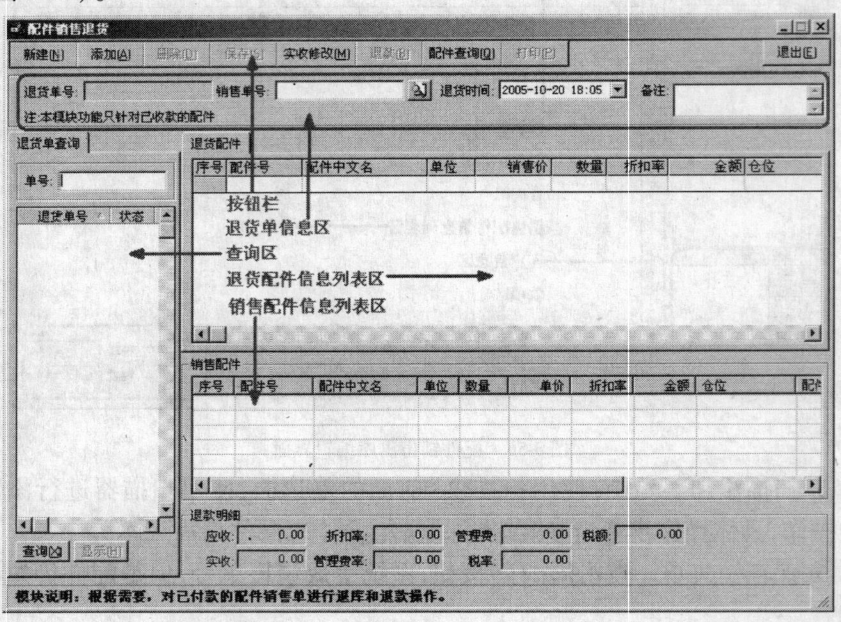

图 3-57　配件销售退货编辑界面

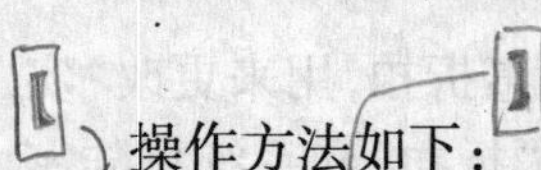

操作方法如下：

（1）编辑退库单信息。

退库时间：配件退库的时间，默认为当前系统时间。

退库单号：系统自动生成。

（2）调出需要退库配件的委托书。在“销售单号”文本框中输入查询条件，然后点击查询图标。再选择并双击所需任务委托书。

（3）选择退库配件。在销售配件信息列表中选择并双击要退库的配件信息条。

（4）编辑退库配件数量。

（5）实收修改。点击『实收修改』按钮，修改实收金额。

（6）点击『退款』按钮，退库并退款成功。

七、结算付款

完成车辆维修的费用结算，分为待结单、已结单，记录了维修费用的总账和

维修工时、配件费用、税率、折扣等明细帐目的结算信息；处理业务理赔，根据需要列出客户实际应付金额与保险公司应付金额；可分多次付款，设置欠款批示密码。记录每一笔账目的详细情况。

1．维修结算

完成车辆维修的费用结算，分为待结单、已结单，记录了维修费用的总账和维修工时、配件费用、税率、折扣等明细帐目的结算信息。

【进入方式】在系统主菜单“结算付款”的下拉菜单中选择“维修结算”（如图 3-58）。在初始界面顶部快捷菜单中点击“维修结算”图标 维修结算(G) 。

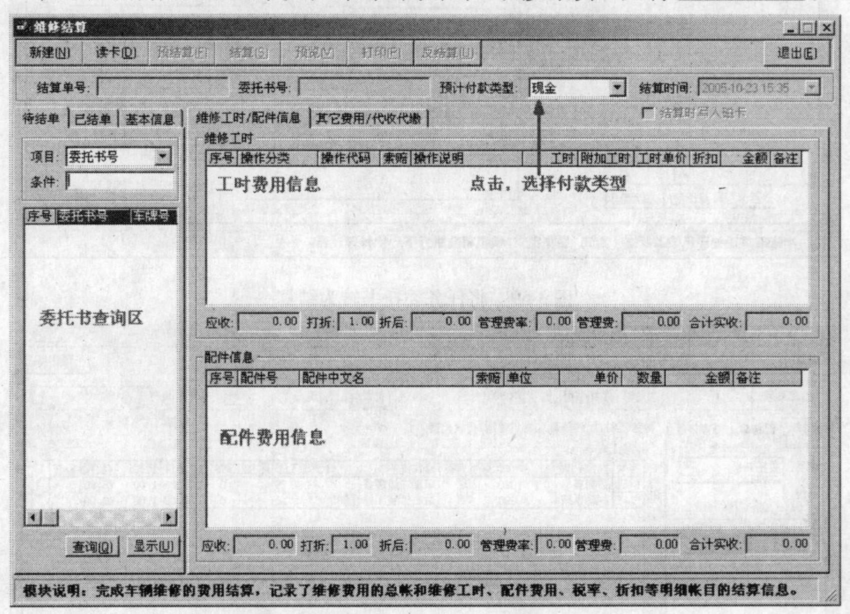

图 3-58　维修结算编辑界面

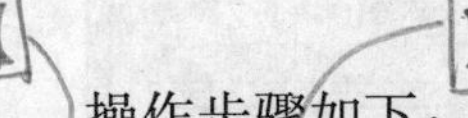

操作步骤如下：

（1）将任务委托书状态转为“结算”。在“任务委托书”中调出任务委托书，点击顶部的『结算提交』按钮即可（如图 3-59）。

注意在结算时之前一定要将任务委托书“提交结算”，否则无法对此委托书进行结算，即在结算时调不出此任务委托书。

（2）调出任务委托书。在“条件”文本框中输入查询条件，然后点击『查询』按钮。选择并双击所需任务委托书（如图 3-60）。

（3）预结算。点击『预结算』按钮，系统生成预结算单号。状态为“预结算”的任务委托书，可以对其配件和其他信息进行更改，一旦结算则不可以更改其他有关此委托书的信息（如图 3-61）。

图 3-59　将任务委托书转为结算

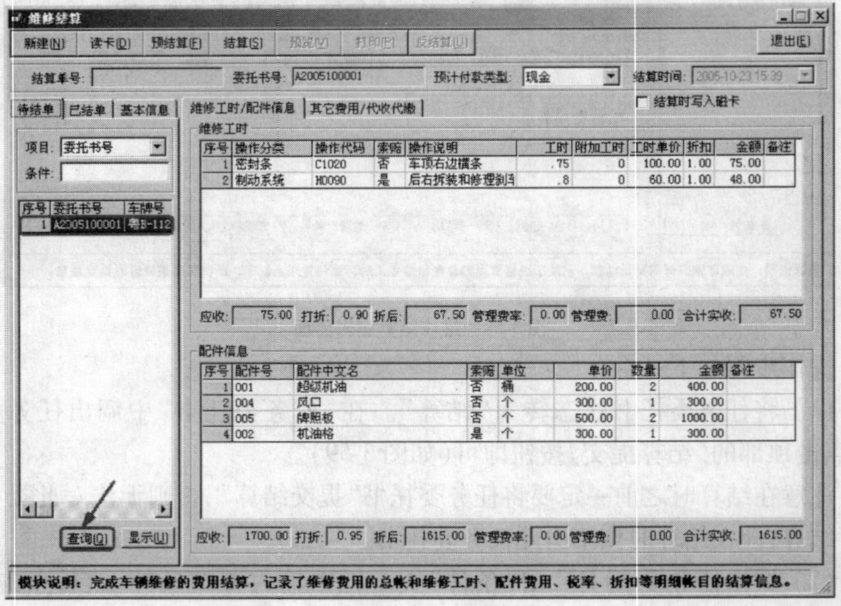

图 3-60　调出某任务委托书

(4) 结算。点击『结算』按钮，结算成功，任务委托书状态转为“已结算”。结算单号即为预结算单号。

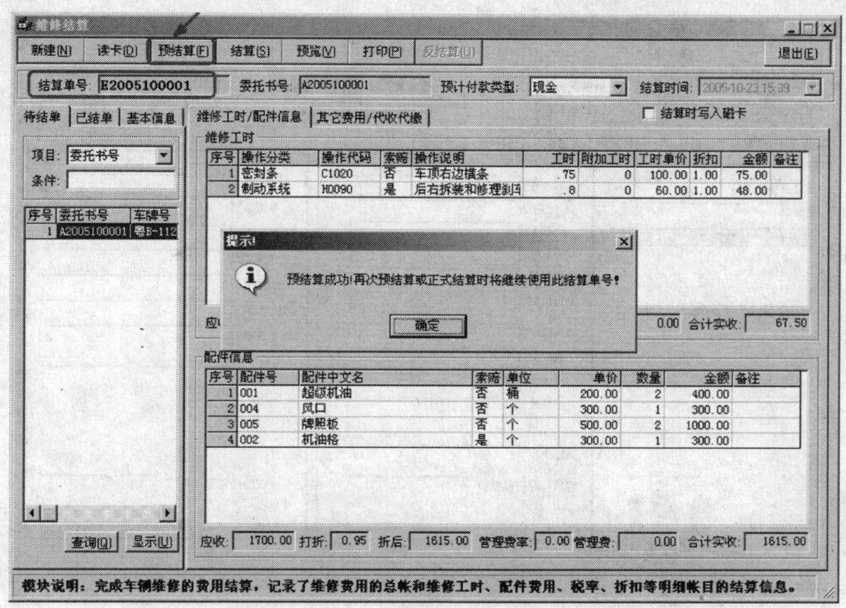

图 3-61　对某委托书预结算

(5) 打印结算单。点击『打印』按钮,打印结算单。

(6) 反结算。如果要对已结算单再进行修改,可点击『反结算』按钮,反结算成功后将会重置该张公单的应收金额为 0,并将任务委托书状态转为“待修”。

2. 业务理赔

处理委托书索赔和理赔业务,将处理业务理赔,根据需要列出客户实际应付金额与保险公司应付金额。

【进入方式】在系统主菜单“结算付款”的下拉菜单中选择“业务理赔”(如图 3-62)。

操作方法如下:

(1) 调出委托书单。在“委托书查询区”的“条件”文本框中输入查询条件,然后点击『查询』按钮。选择并双击所需任务委托书。

(2) 编辑理赔单据信息。在“理赔单类型”中选择“保险理赔”,然后点击『保存』按钮,生成理赔单号。

(3) 输入保险公司信息。在“保险”公司信息栏中选择保险公司名称,然后点击『保存』按钮。

(4) 分配保险公司付款金额。在“保险公司付款金额”中填入保险公司付款金额,然后点击『完成』按钮,结束这次理赔业务。

图 3-62 业务理赔编辑界面

(5) 打印理赔单。点击『打印』按钮,打印理赔单。

3. 付款

根据结算单,记录客户付款信息。根据系统用户权限可以修改应收款数目,以及客户欠款金额和分多次付款。支持索赔收款。

【进入方式】在系统主菜单“结算付款”的下拉菜单中选择“付款”(如图 3-63)。在初始界面顶部快捷菜单中点击“付款”图标 付款(H) 。

(1) 常规付款:

① 编辑“结算单信息栏”内容。在“付款对象”中选择“客户/车主”,确定结算是针对客户的;在“付款类型”中可选择维修业务、销售业务和预付业务,不同的付款类型处理不同业务。

② 调出任务委托书。在“条件”文本框中输入查询条件,然后点击『查询』按钮,查询相应“付款类型”的业务单据。选择并双击所需任务委托书。

③ 记录付款信息。点击 V 图标,在“本次待付款”中编辑付款信息。

④ 付款。点击『付款』按钮,系统生成付款单号,任务委托书状态自动转为“交车”。

⑤ 打印。点击『打印』按钮,打印付款单。

(2) 分多次付款。系统支持欠款处理,根据实际情况,客户可以分多次付款,同时记录欠款批准人。

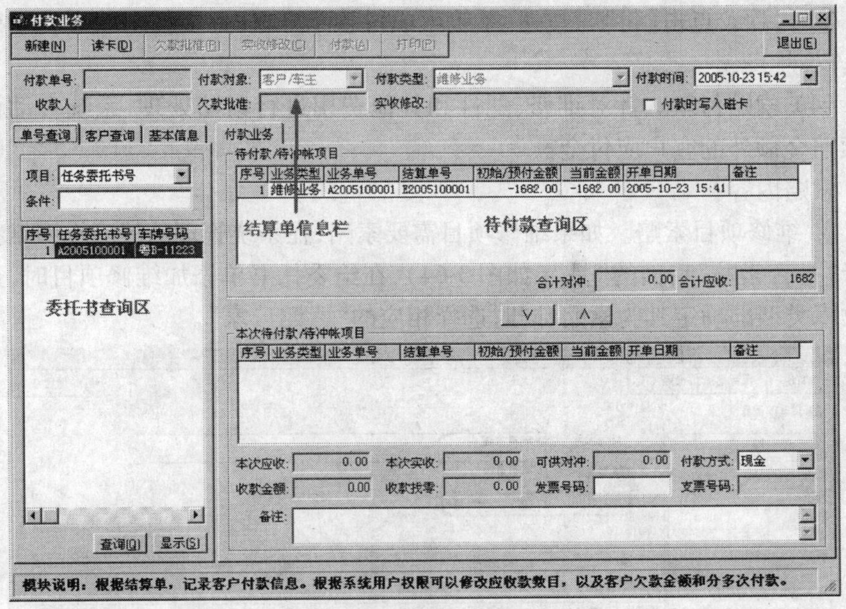

图 3-63　付款业务编辑界面

① 调出任务委托书。在“条件”文本框中输入查询条件，然后点击『查询』按钮。选择并双击所需任务委托书。

② 欠款验证。点击『欠款批准』按钮，在弹出的对话框中输入登录本系统的用户代码和密码，然后点击『确定』按钮。在“欠款批准”中，系统自动记录欠款批准人即系统当前用户。

③ 记录付款信息。点击 V 图标，在“本次待付款”中输入付款金额，系统计算出欠款金额。

④ 付款。点击『付款』按钮，系统生成付款单号，任务委托书状态自动改为“交车”。

⑤ 缴付欠款。以相同方法调出委托书单，进行常规付款，将所欠款项付清即可。

（3）实收修改。修改客户应该实际支付的金额，即修改“本次应收”，记录实收修改批准人。

① 调出任务委托书。在“条件”文本框中输入查询条件，然后点击『查询』按钮。选择并双击所需任务委托书。

② 实收金额修改。点击『实收修改』按钮，在弹出的对话框中输入登录本系统的用户代码、密码和实收额，然后点击『确定』按钮。

在“实收修改”中，系统自动记录修改批准人即系统当前用户。

③ 付款。点击『付款』按钮，系统生成付款单号，任务委托书状态自动改为“交车”。

(4) 索赔付款。针对维修、配件和其他费用进行索赔处理，系统自动计算除索赔金额外的客户应付金额。

索赔内容：

① 维修项目索赔。如果维修项目需要索赔，在系统管理的故障类型维护中选择“是否索赔”后面的“是”(如图 3-64)，在给委托书单添加维修项目时，选择该故障类型即确定其为索赔，同时选择相应的“索赔厂家”。

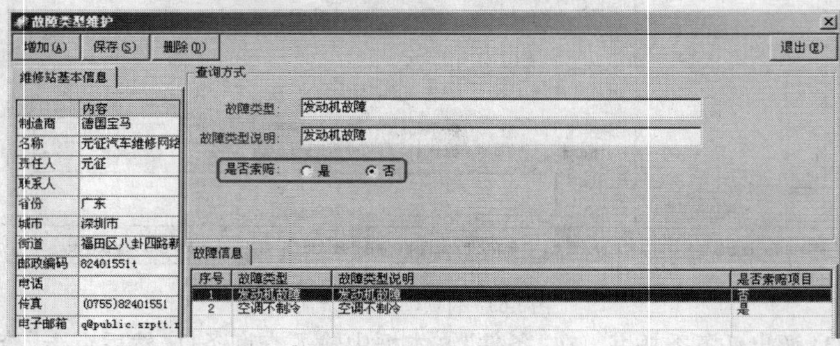

图 3-64　维修索赔

② 其他费用索赔。如果其他费用需要索赔，在给委托书单添加其他费用时，勾中“索赔”前面的复选框并选择相应的索赔厂家(如图 3-65)。

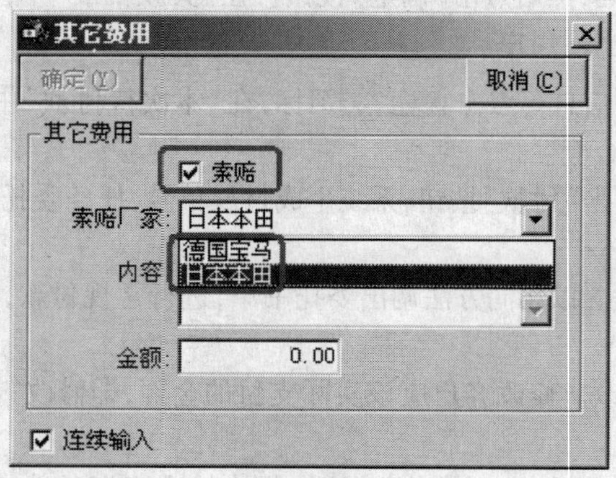

图 3-65　其他费用索赔

③ 维修配件索赔。如果维修配件需要索赔，在给委托书单添加出库配件时，添加配件后，双击“索赔”单元格选择“是/否”索赔(如图 3-66)。

索赔付款操作：

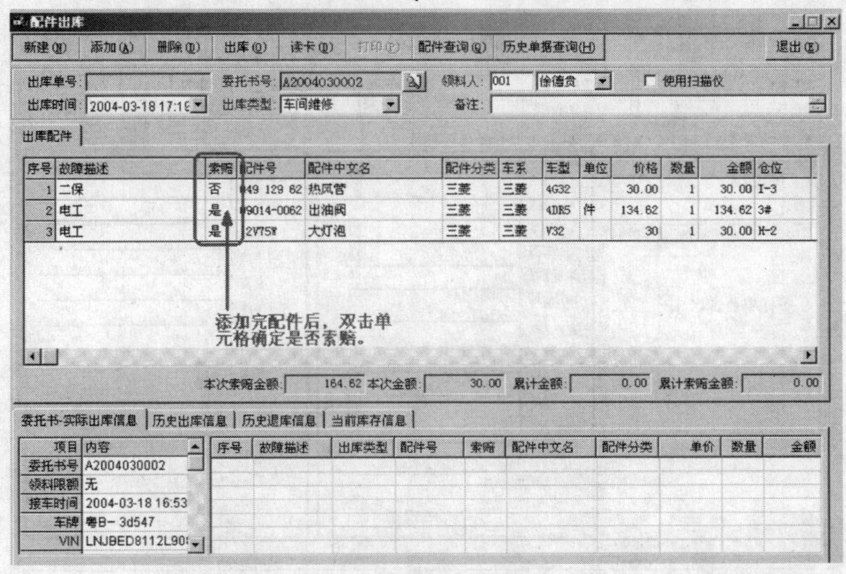

图 3-66 维修配件索赔

索赔付款分两部分，一部分是对客户收款，另一部分是对索赔单位收款（全部索赔除外）；具体收款操作过程请参考“本课题、七、3.（1）常规付款”，索赔付款时，在第①步中的“付款对象”设置为“索赔对象”，并选择“索赔对象”即可，“实收修改”和“欠款批准”同样适用。

（5）理赔付款。理赔付款分两部分，一部分是对客户收款，另一部分是对保险公司收款（全部理赔除外）；具体收款操作过程请参考“本课题、七、3.（1）常规付款”，理赔付款时，在第①步中的“付款对象”设置为“保险公司”即可，“实收修改”和“欠款批准”同样适用。

4. 其他业务

针对客户需要，更改委托书内容，打印结算单。

【进入方式】在系统主菜单“结算付款”的下拉菜单中选择“业务理赔”（如图 3-67）。

操作方法如下：

（1）调出任务委托书。在“委托书查询区”的“条件”文本框中输入查询条件，然后点击『查询』按钮。选择并双击所需任务委托书。

（2）编辑单据信息。在“理赔单类型”中选择“结算处理”，然后点击『保存』按钮，生成业务单号。

（3）点击“维修项目/维修配件”和“其他费用/代收代缴/其他金额”面板标题，添加其他配件信息。添加完成后，结算金额已经更改。

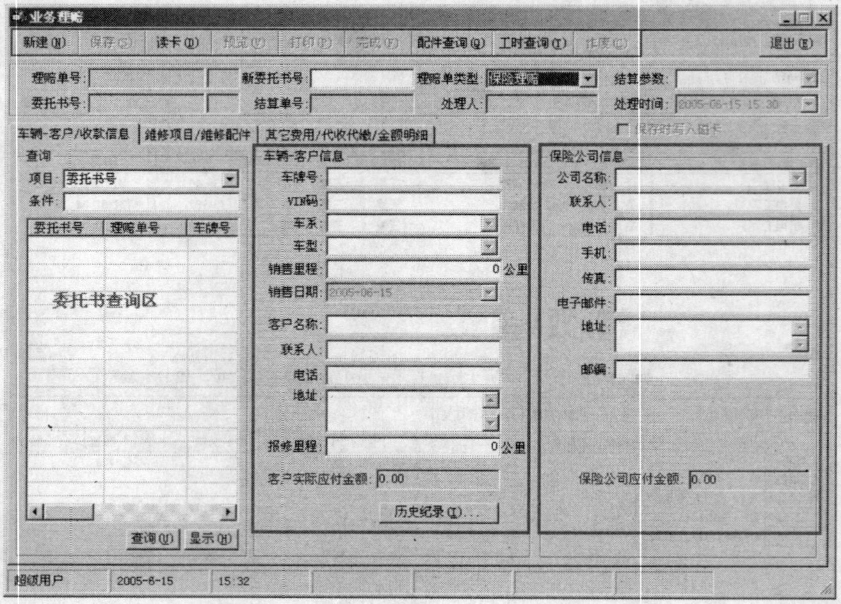

图 3-67　业务理赔编辑界面

(4) 点击『完成』按钮,完成此次业务。

(5) 点击『打印』按钮,打印业务结算单。

5. 公务车结算

针对来厂维修的公务车,更改委托书内容,打印结算单。

【进入方式】在系统主菜单"结算付款"的下拉菜单中选择"公务车结算"(如图 3-68)。

操作方法如下:

(1) 将任务委托书状态转为"结算"。在"任务委托书"中调出任务委托书,点击顶部的『结算提交』按钮即可。

(2) 调出任务委托书。在"委托书查询区"的"条件"文本框中输入查询条件,然后点击『查询』按钮。选择并双击所需任务委托书。

(3) 点击"维修项目/维修配件"和"其他费用/代收代缴"面板标题,修改工时、配件等信息。修改完成后,结算金额已经更改。

(4) 点击『结算』按钮,完成此次业务。

(5) 点击『打印』按钮,打印公务车结算单。

八、工具管理

通过对维修工具的借出、归还、维修和报废情况的跟踪,便于有效地进行工

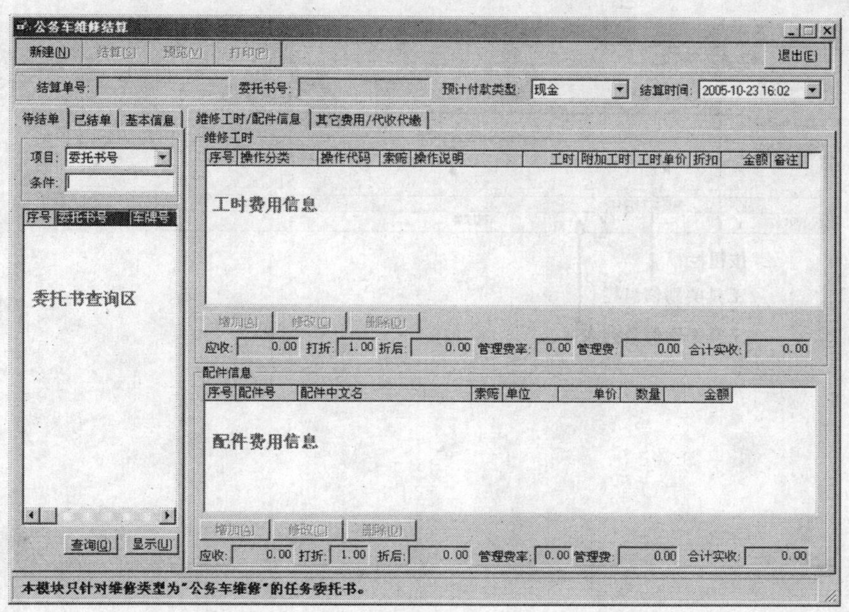

图 3-68 公务车结算编辑界面

具管理,优化维修企业内部管理。

1. 工具类别信息

工具类别信息的管理,包括工具类别的新建和删除。

【进入方式】工具管理→工具类别信息(如图 3-69)。

操作方法如下:

(1) 新建工具类别信息。点击『新建』按钮,编辑工具类别信息,然后点击『保存』按钮。

(2) 删除工具类别信息。在信息列表中双击欲删除的工具类别信息,点击『删除』按钮,删除所选择的工具类别信息。

2. 工具登记

创建新工具信息和查询工具相关信息。

【进入方式】工具管理→工具登记(如图 3-70)。

操作方法如下:

(1) 查看工具处理信息,包括工具每一次登记、借出、归还和报废的信息。

点击『查看』按钮,弹出工具处理一览表页面,在其查询区选择查询字段,然后输入查询条件,点击查询图标,系统列出符合查询条件的查询结果。

查询条件为空,系统列出所有工具处理信息。

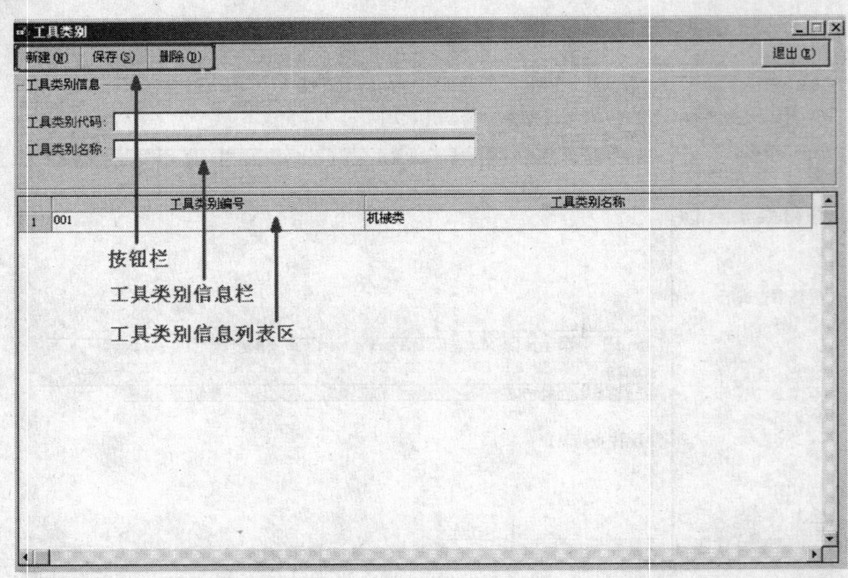

图 3-69　工具类别信息编辑界面

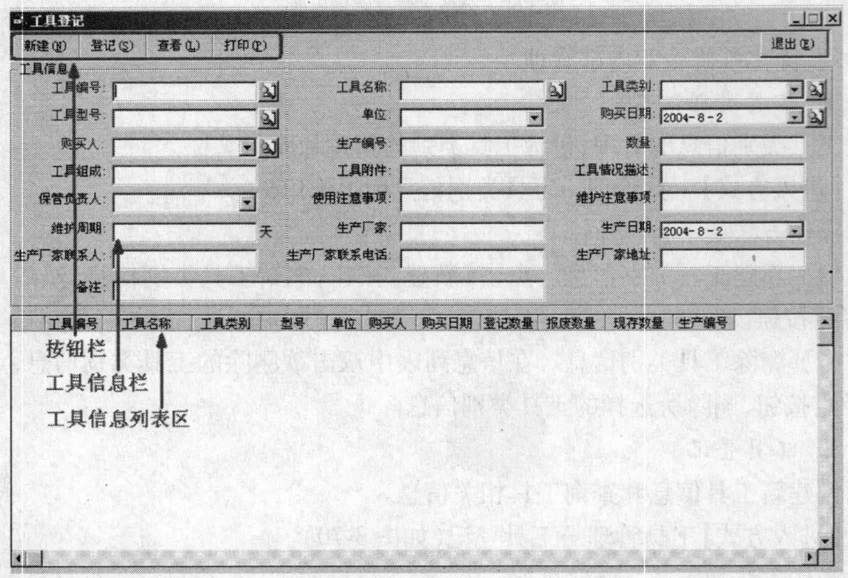

图 3-70　工具登记界面

(2) 新建工具信息。点击『新建』按钮,编辑工具信息,然后点击『登记』按钮。

(3) 打印工具信息。点击『打印』按钮,系统打印所选择的工具信息。

3. 工具借用＋归还

工具的借用和归还登记，跟踪工具的流动情况。

【进入方式】工具管理→工具借用＋归还（如图3-71）。

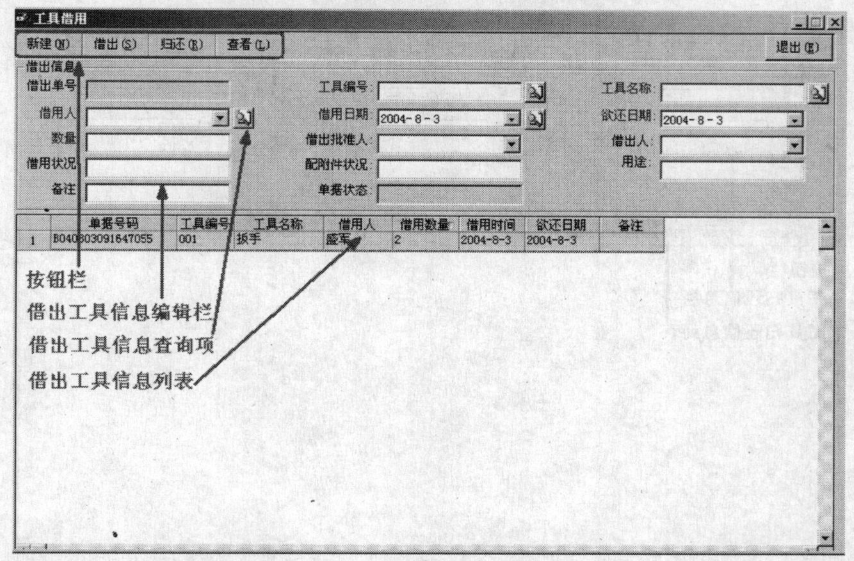

图3-71　工具借还管理界面

（1）工具借用。操作方法如下：

① 工具查找。点击工具编号后的查询图标，弹出工具查询通用页面。

在其查询区选择查询字段，然后输入查询条件，点击其后的查询图标，系统在工具信息列表区列出符合查询条件的查询结果。

在工具信息列表区选中该工具记录，点击『确定』按钮。

② 借出登记。在借出工具信息编辑区填写借出工具的相关信息，如工具编号、名称、借用人、数量等。点击『借出』按钮，系统自动生成借出单号，并将该借出工具的信息添加到信息列表中。

③ 查看工具处理信息，包括工具每一次登记、借出、归还、维护和报废的信息。点击『查看』按钮，弹出工具处理一览表页面，在其查询区选择查询字段，然后输入查询条件，点击查询图标，系统列出符合查询条件的查询结果。

④ 工具借出记录查询。在查询区选择查询字段，然后输入查询条件，点击其后的查询图标，系统在工具信息列表区列出符合查询条件的查询结果，便于工具归还时查询。

（2）工具归还。操作方法如下：

① 工具归还登记。

在图 3-71 的信息列表中选择欲归还的工具记录并双击,再点击『归还』按钮,弹出工具归还页面(如图 3-72)。

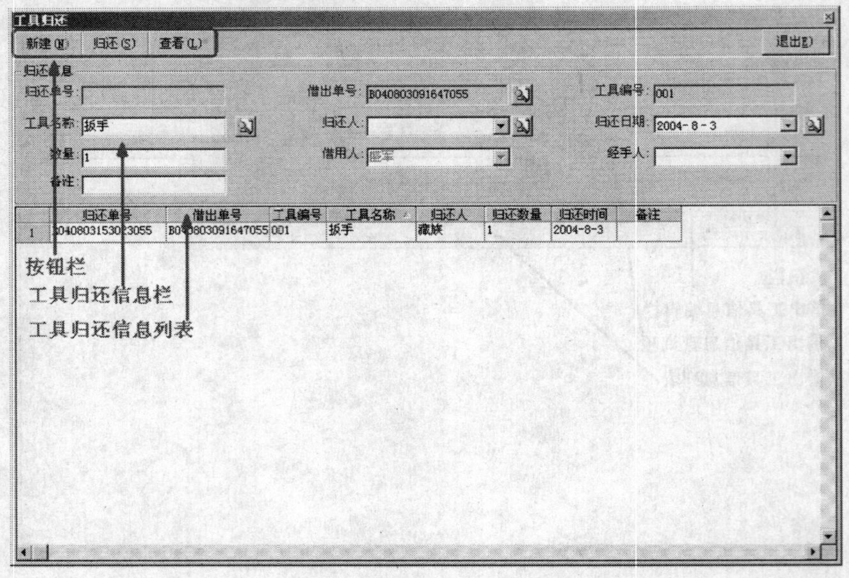

图 3-72 工具归还编辑界面

在工具归还信息编辑区填写借出工具的相关信息,如归还人、数量等。点击『归还』按钮,系统自动生成归还单号,并将该归还工具的信息添加到信息列表中。

②查看工具处理信息,包括工具每一次登记、借出、归还、维护和报废的信息。

点击『查看』按钮,弹出工具处理一览表页面,在其查询区选择查询字段,然后输入查询条件,点击查询图标,系统列出符合查询条件的查询结果。

4. 工具维护

记录工具的维护、维修情况。

【进入方式】工具管理→工具维护(如图 3-73)。

操作方法如下:

(1) 在工具维护信息编辑区填写工具维护的相关信息,如工具编号、名称、维护类型等。点击『维护』按钮,系统自动生成维护单号,并将该维护工具的信息添加到信息列表中。

(2) 查看工具处理信息,包括工具每一次登记、借出、归还、维护和报废的信息。点击『查看』按钮,弹出工具处理一览表页面,在其查询区选择查询字段,

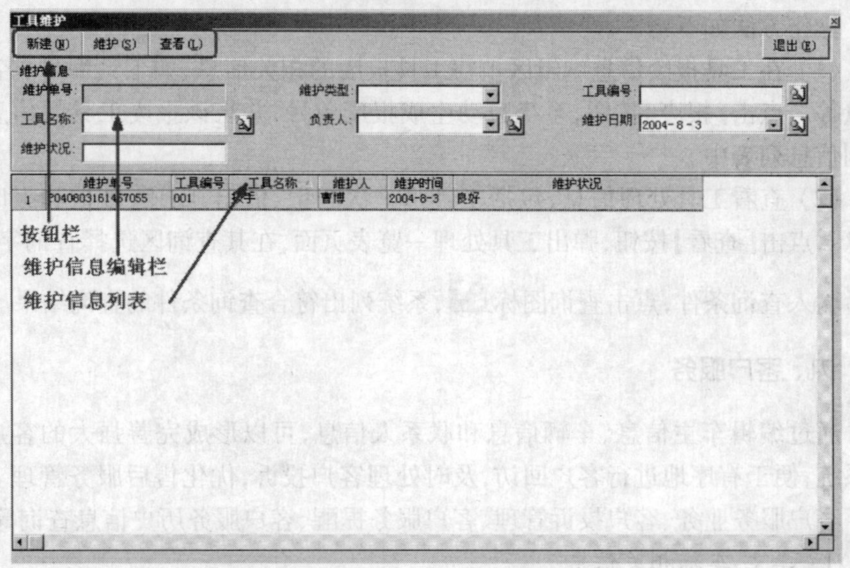

图 3-73 工具维护管理编辑界面

然后输入查询条件，点击查询图标，系统列出符合查询条件的查询结果。

5. 工具报废

记录工具的报废情况。

【进入方式】工具管理→工具报废（如图 3-74）。

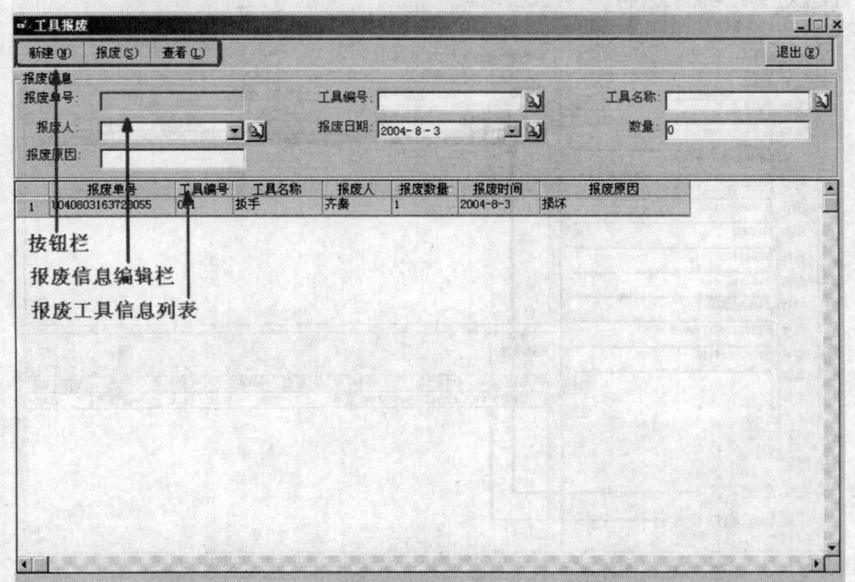

图 3-74 工具报废管理编辑界面

操作方法如下：

(1) 在工具报废信息编辑区填写工具报废的相关信息，如工具编号、名称、数量等。点击『报废』按钮，系统自动生成报废单号，并将该报废工具的信息添加到信息列表中。

(2) 查看工具处理信息，包括工具每一次登记、借出、归还、维护和报废的信息。点击『查看』按钮，弹出工具处理一览表页面，在其查询区选择查询字段，然后输入查询条件，点击查询图标，系统列出符合查询条件的查询结果。

九、客户服务

通过编辑车主信息、车辆信息和联系人信息，可以形成完善强大的客户信息系统；便于有序地进行客户回访，及时处理客户投诉，优化售后服务管理。包括了客户服务业务、客户投诉管理、客户服务提醒、客户服务历史信息查询等。

1. 车主-车辆相关信息

录入和查找车辆、客户信息，包括车主信息、车辆信息和联系人信息，快速查找和编辑相关信息。

(1) 车主信息。修改老车主信息和查询车主信息。

【进入方式】在系统主菜单“客户服务”的下拉菜单中选择“车主信息”(如图 3-75)。

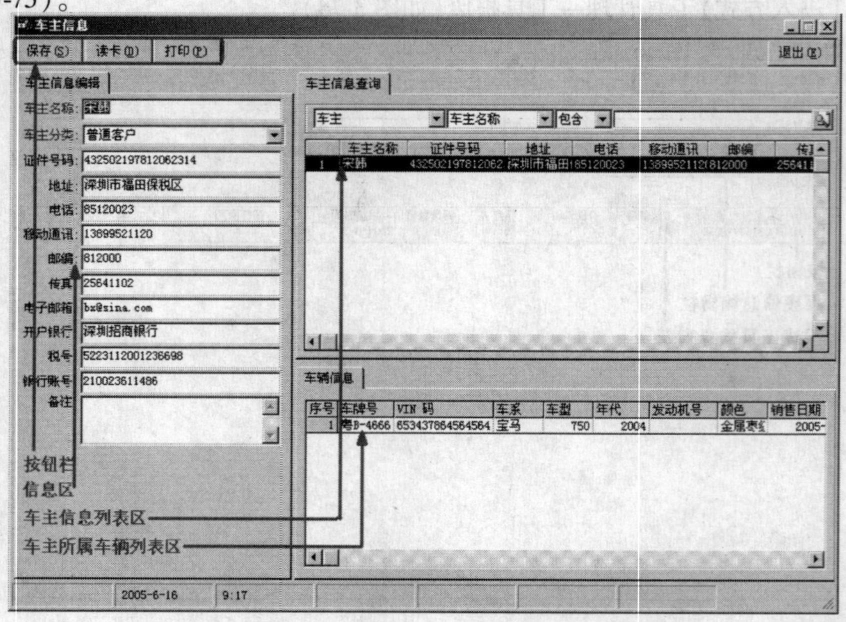

图 3-75 车主信息查询与修改

操作方法如下：

① 查询车主信息。在查询区选择查询字段，然后输入查询条件，点击查询图标，系统就会列出符合查询条件的查询结果。如果查询条件为空，系统则列出所有车主信息。双击车主信息条，在左边的信息区查看车主信息，在车主所属车辆信息区可以查看车主所属车辆。

② 修改车主信息。在左边的信息区修改车主信息，然后点击『保存』按钮。

③ 打印车主信息。点击『打印』按钮，系统打印所选择的车主信息。

④ 读卡。使用读卡器从磁卡读取车主信息。

(2) 车辆信息。修改已有车辆信息和查询车辆信息。

【进入方式】在系统主菜单“客户服务”的下拉菜单中选择“车辆信息”(如图3-76)。

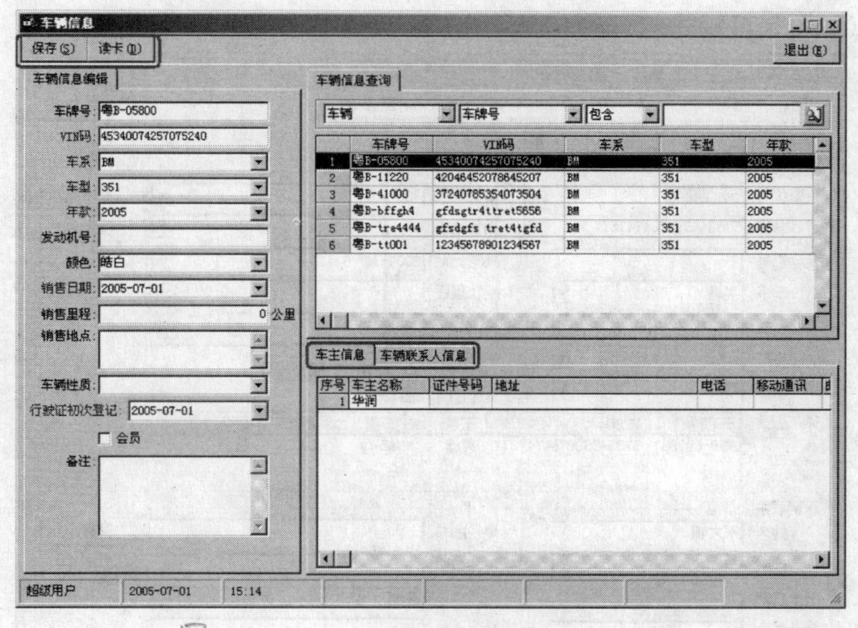

图3-76　车辆信息查询

操作方法如下：

① 查询车辆信息。在查询区选择查询字段，然后输入查询条件，点击查询图标，系统列出符合查询条件的查询结果。查询条件为空，系统列出所有车辆信息。双击车辆信息条，在左边的信息区查看车辆信息，在车辆所属车主信息区可以查看车辆所属车主信息。

② 读卡。使用读卡器从客户所持磁卡读取车辆信息。

(3) 联系人信息。编辑已有联系人信息和查询联系人信息。

【进入方式】在系统主菜单"客户服务"的下拉菜单中选择"联系人信息"。

操作方法如下:

① 查询联系人信息。在查询区选择查询字段,然后输入查询条件,点击查询图标,系统列出符合查询条件的查询结果。查询条件为空,系统列出所有联系人信息。双击联系人信息条,在左边的信息区查看联系人信息,在联系人所属车主信息区可以查看联系人所属车主信息。

② 打印联系人信息。点击『打印』按钮,系统打印所选择的联系人信息。

③ 读卡。使用读卡器从客户所持磁卡读取联系人信息。

(4) 车主-车辆信息。创建新车辆信息、添加已有车辆信息和查询车辆信息。

【进入方式】在系统主菜单"客户服务"的下拉菜单中选择"车主-车辆信息"(如图3-77)。

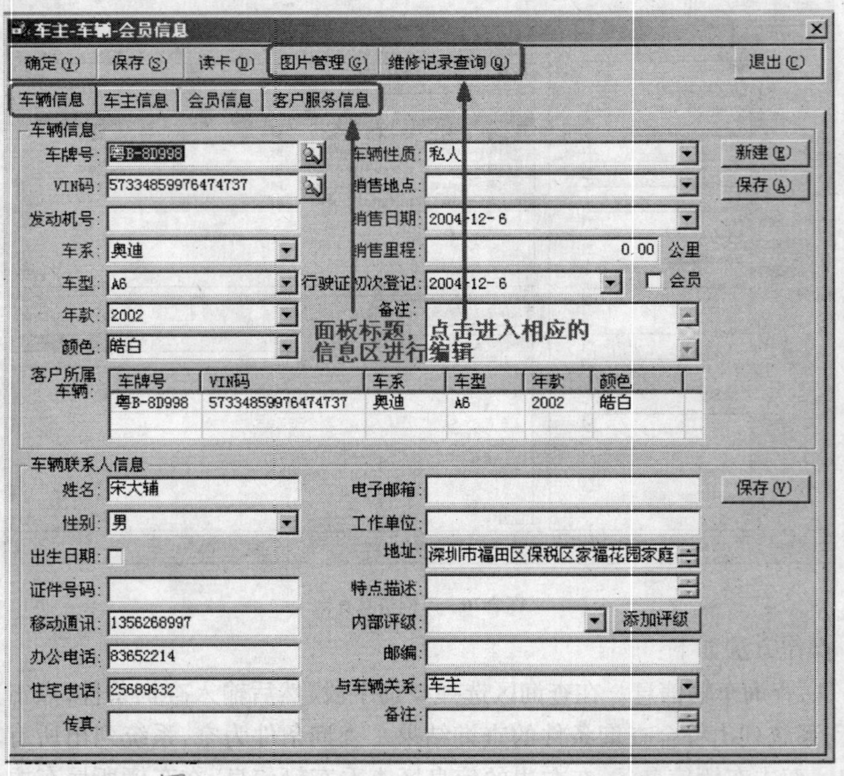

图3-77 车辆及联系人信息查询与编辑界面

操作方法如下:

① 调出车主-车辆信息。输入完整的车牌号或VIN码,点击查询图标,系统

显示与之有关的车主、联系人等所有信息。

② 编辑车辆联系人信息。

③ 编辑车主信息。点击"车主信息"面板标题，编辑车主其他信息，如开户银行、银行账号等信息。

④ 会员信息。勾选车辆信息的"会员"前面的复选框，才可以对会员信息进行编辑。

⑤ 客户服务信息。点击"客户服务信息"面板标题，其中默认的日期是接车日期。先点击本面板内的『新建』按钮，然后编辑相应信息，完成后点击面板内的『保存』按钮。

⑥ 图片管理。点击『图片管理』按钮，进入图片管理窗口。保存车辆相关的图片，可以保存保单的图片、车辆图片以及客户照片等信息。

⑦ 维修记录查询。点击顶部的『维修记录查询』按钮，系统切换到车辆历史维修信息窗口，显示此车在本站维修过的项目和具体信息。

(5) 会员信息。创建新会员信息、编辑已有会员信息和查询会员信息。

【进入方式】在系统主菜单"客户服务"的下拉菜单中选择"会员信息"（如图 3-78）。

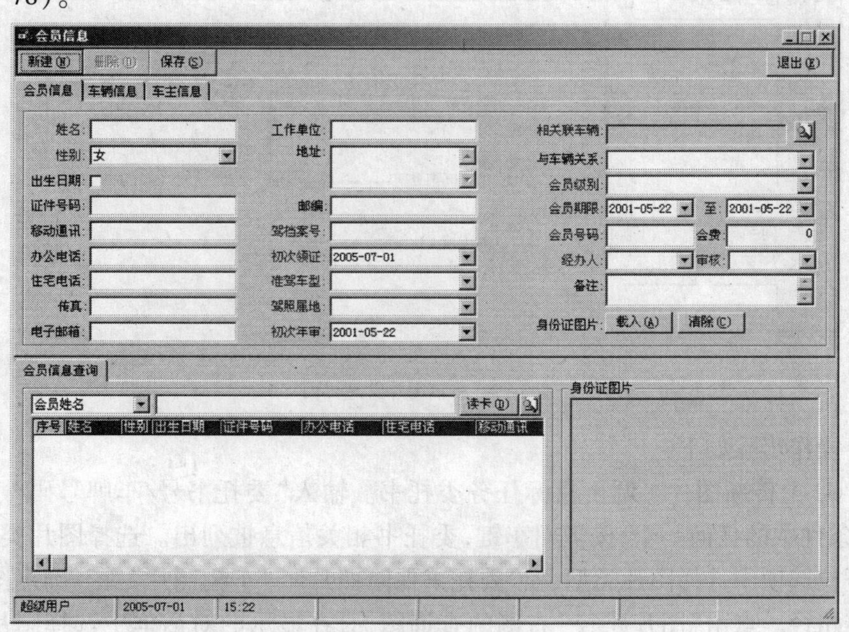

图 3-78　会员信息查询与编辑界面

操作方法如下：

① 查询会员信息。在查询区选择查询字段，然后输入查询条件，点击查询

图标,系统列出符合查询条件的查询结果。查询条件为空,系统列出所有会员信息。双击会员信息条,在左边的信息区查看会员信息,在会员所属车主信息区可以查看会员所属车主信息。

② 新建会员信息。点击『新建』按钮,编辑会员信息,然后点击『保存』按钮。

③ 删除联系人信息。点击『删除』按钮,删除所选择的会员信息。

(6) 车辆图片管理。查看和存入车辆相关图片,可以是保单图片、车辆图片等。

【进入方式】在系统主菜单"客户服务"的下拉菜单中选择"车辆图片管理"(图3-79)。

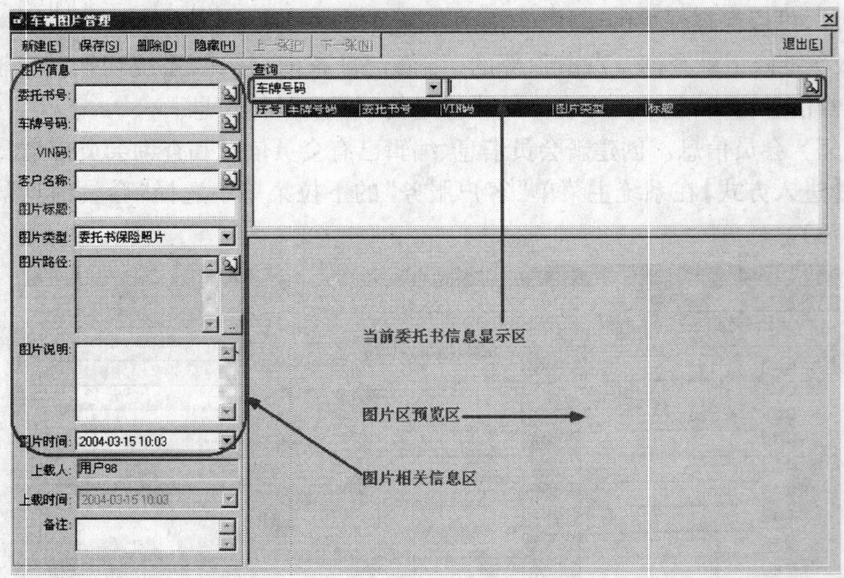

图3-79 车辆图片管理界面

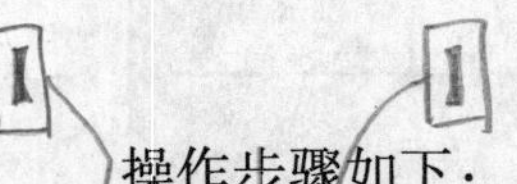

操作步骤如下:

① 上传新图片。调出目标任务委托书。输入"委托书号/车牌号码/ VIN码"条件中的任何一个,按下回车键,委托书相关信息被列出。选择图片类型。在下拉选项中选择图片类型,如"委托书保险照片"、"车辆照片"等。确定图片上传路径。点击"图片路径"右侧的查询图标,在显示的对话框中选择图片路径。保存图片上传结果。点击『保存』按钮,保存图片结果。

② 上传第二张图片。按照第一步的操作步骤进行上传。

③ 查看图片。调出任务委托书,在图片预览区浏览图片。

2. 客户服务业务

客户代办业务处理,包括了车辆年审、驾照年审和代缴养路费等业务。包含了独立的结算和收款服务。

【进入方式】在系统主菜单"客户服务"的下拉菜单中选择"客户服务业务"(如图3-80)。

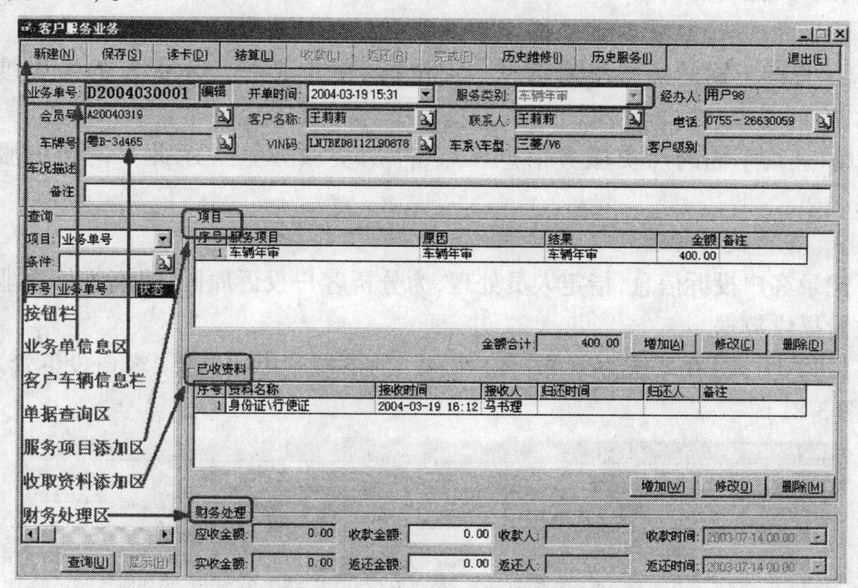

图3-80　客户服务业务管理界面

(1) 业务操作流程:

① 调出车辆信息。在查询区选择查询字段,然后输入查询条件,点击查询图标,系统列出符合查询条件的查询结果。带查询图标的都可以作为查询区。点击『读卡』按钮,使用读卡器从磁卡读取车辆车主信息。

② 选择服务类别。在"服务类别"的下拉选项中选择服务类别。

③ 添加服务内容。点击『保存』按钮,系统生成"业务单号",点击项目区的『增加』按钮,添加服务项目。添加完成,点击『确定』按钮。

④ 添加收取的相关资料。点击已收资料区的『增加』按钮,在弹出的操作窗口中编辑收取的资料信息。

⑤ 结算。点击『结算』按钮,在财务显示结算结果。

⑥ 收款。填入"收款金额",系统自动计算"返还金额"。点击『收款』按钮,完成收款。

⑦ 返还收取的客户资料。点击『返还』按钮,"已收资料"中的『增加』按钮

呈可编辑状态。双击资料信息条，在弹出的操作窗口中勾选“归还”前面的复选框，选择归还人，然后点击『确定』按钮。操作完成，点击『保存』按钮。

⑧ 点击『完成』按钮，结束此业务单据。不可以更改“完成”后的单据中的内容。

(2) 其他功能。可以从此业务单直接查询此车辆的历史维修信息和历史服务信息。

① 查询车辆的历史维修信息。点击『历史维修』，显示此车的历史维修信息。

② 查询车辆的历史服务信息。点击『历史服务』，显示此车的历史服务信息。

3. 客户投诉管理

记录客户投诉信息，指定人员处理，为分析客户投诉原因、提高维修企业服务质量提供数据。

【进入方式】在系统主菜单“客户服务”的下拉菜单中选择“客户投诉管理”(如图 3-81)。

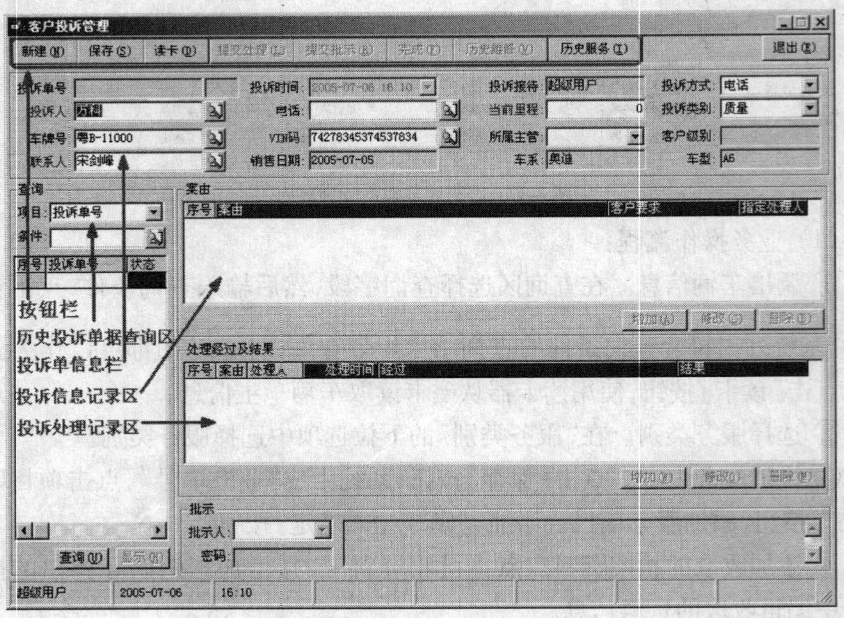

图 3-81　客户投诉管理界面

(1) 记录客户投诉信息：

① 确定投诉客户。点击『投诉人』文本框右边的查询图标，在弹出的查询窗口双击投诉客户信息条，选定投诉客户。

② 编辑投诉单其他信息。包括投诉单号、投诉时间、电话、投诉方式、投诉类别等。

③ 保存投诉单。点击『保存』按钮,系统生成投诉单号。

④ 添加投诉案由。在“投诉信息记录区”点击『增加』按钮,在弹出的操作窗口中输入客户投诉原因并指定人员进行处理。

⑤ 提交处理。注意添加投诉内容,确定后,点击『提交处理』,“投诉信息记录区”不可编辑。即提交处理后不可以再向其中添加投诉信息。

(2) 处理投诉。待投诉处理完毕,在投诉单查询区调出此投诉单,然后向单中添加处理过程和处理结果等信息。

① 在“处理经过及结果”信息区,点击『增加』按钮,在弹出的操作窗口中输入处理经过和处理结果。如果同一客户有多项投诉的,可以在“案由选择”的下拉选项中选择各个案由,分别进行处理。

② 选择批示人。在“批示人”的下拉选项中选择此投诉单所需批示人。在此单提交批示后,批示人信息不可以更改。

③ 提交批示。投诉处理完毕,点击『提交批示』按钮,将处理结果提交到上一级进行批示处理。“处理经过及结果”区不可以再修改。

(3) 批示处理。待投诉处理完毕,在投诉单查询区调出此投诉单,对投诉处理结果进行审核和批示。

(4) 投诉历史信息查询。点击『历史服务』按钮,进入客户服务历史查询操作窗口,查看当前处理车辆的客户投诉历史信息。

(5) 历史维修信息查询。点击『历史维修』按钮,进入车辆历史维修查询操作窗口,查看当前处理车辆的维修历史信息。

4. 客户服务提醒

查询出近期需要进行年审、缴养路费等的车辆,联系车辆联系人或车主,提醒其到时按时前来进行车辆所需的操作。查询出近期过生日的会员、客户或联系人,以便发出贺卡,进行客户关怀活动。系统提供标准查询和特殊查询,前者按照当前时间向后查询,后者按照当前时间向前查询。

【进入方式】在系统主菜单“客户服务”的下拉菜单中选择“客户服务提醒”。

(1) 查询目标客户。在查询区输入查询条件,然后点击查询图标,系统列出所需客户信息列表。

(2) 添加记录服务内容。选择目标客户,然后点击『添加』按钮,在弹出的操作窗口中记录提醒服务内容。

5. 车辆维护提醒

查询近期需要维护的车辆,提醒客户按时前来维护。保存车辆维护提醒记录,包括提醒内容以及提醒客户时与车主或联系人的联系方式、车主或联系人反馈信息等。提醒日期根据在"客户服务"的"车主-车辆信息"中设定的客户服务信息来计算。

【进入方式】在系统主菜单"客户服务"的下拉菜单中选择"车辆保养提醒"。

6. 客户回访服务

记录客户回访服务结果。每一位客户可以对应多个回访记录。

【进入方式】在系统主菜单"客户服务"的下拉菜单中选择"客户回访服务"。

7. 客户服务历史信息

查询某车辆的客户服务历史信息以及其客户服务处理结果。

【进入方式】在系统主菜单"客户服务"的下拉菜单中选择"客户服务历史信息"。

十、业务报表

根据实际情况和实际需要可以生成各个时间段的各种业务报表,包括客户服务报表、业务接待报表、车间管理报表、配件管理报表、配件销售报表和结算付款报表。

1. 客户服务报表

生成客户服务相关的报表,包括了客户服务业务报表、客户投诉报表和客户提醒服务报表。

【进入方式】在系统主菜单"业务报表"的下拉菜单中选择"客户服务"(如图3-82)。

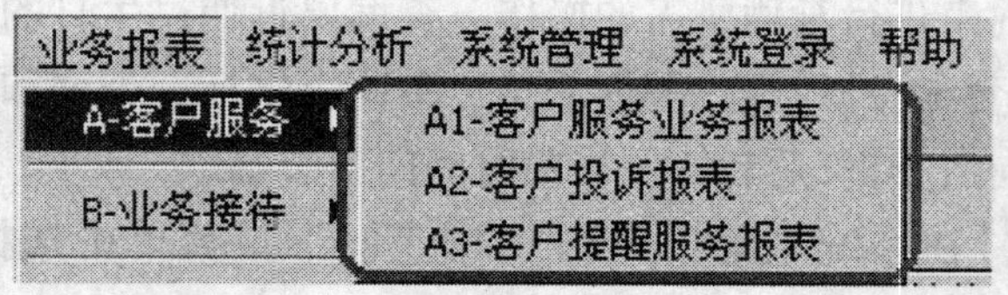

图 3-82

(1) 客户服务业务报表。在系统主菜单"业务报表"的下拉菜单"客户服务"的子菜单中选择"客户服务业务报表"(如图3-83)。

(2) 客户投诉报表。在系统主菜单"业务报表"的下拉菜单"客户服务"的

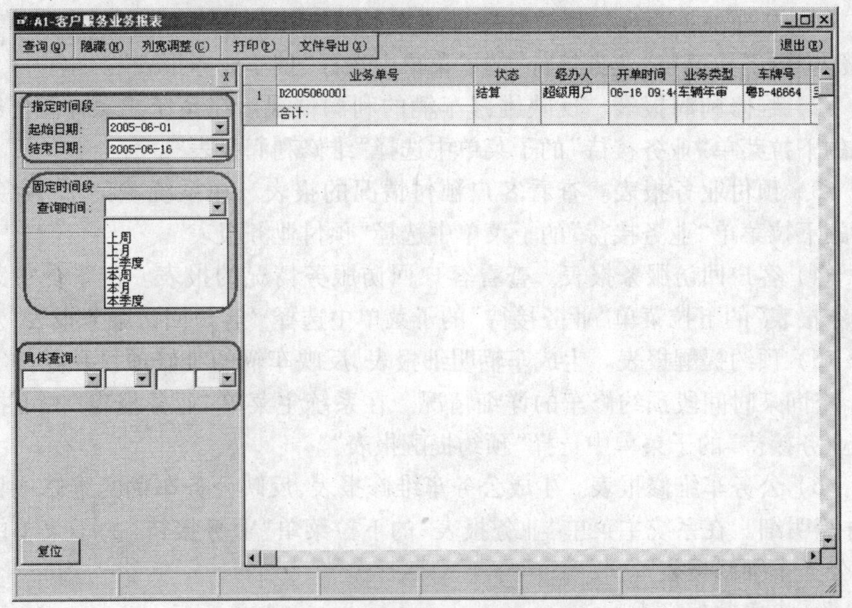

图 3-83　客户业务报表界面

子菜单中选择“客户投诉报表”。

(3) 客户提醒服务报表。在系统主菜单“业务报表”的下拉菜单“客户服务”的子菜单中选择“客户提醒服务报表”。

2. 业务接待报表

生成业务接待相关的报表,包括了车辆维修状态报表、车辆结算状态报表和车辆维修明细报表。

【进入方式】在系统主菜单“业务报表”的下拉菜单中选择“业务接待”(如图 3-84)。

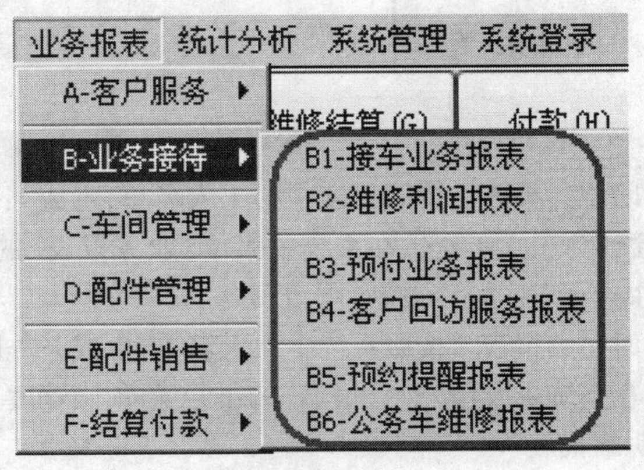

图　3-84

（1）接车业务报表。反映所接车辆的车辆和工单情况。在系统主菜单“业务报表”的下拉菜单“业务接待”的子菜单中选择“接车业务报表”。

（2）维修利润报表。反映维修车辆的利润情况。在系统主菜单“业务报表”的下拉菜单“业务接待”的子菜单中选择“维修利润报表”。

（3）预付业务报表。查看客户预付情况的报表。在系统主菜单“业务报表”的下拉菜单“业务接待”的子菜单中选择“预付业务报表”。

（4）客户回访服务报表。查看客户回访服务情况的报表。在系统主菜单“业务报表”的下拉菜单“业务接待”的子菜单中选择 “客户回访服务报表”。

（5）预约提醒报表。生成车辆明细报表，反映车辆的维修项目和配件等明细。查询某时间段预约修车的详细情况。在系统主菜单“业务报表”的下拉菜单“业务接待”的子菜单中选择“预约提醒报表”。

（6）公务车维修报表。生成公务车维修报表，反映公务车辆的维修项目和配件等明组。在系统主菜单“业务报表”的下拉菜单“业务接待”的子菜单中选择“公务车维修报表”。

3. 车间管理报表

生成车间相关的报表，包括了工人工时统计报表和工时明细报表。在系统主菜单“业务报表”的下拉菜单中选择“车间管理”（如图 3-85）。

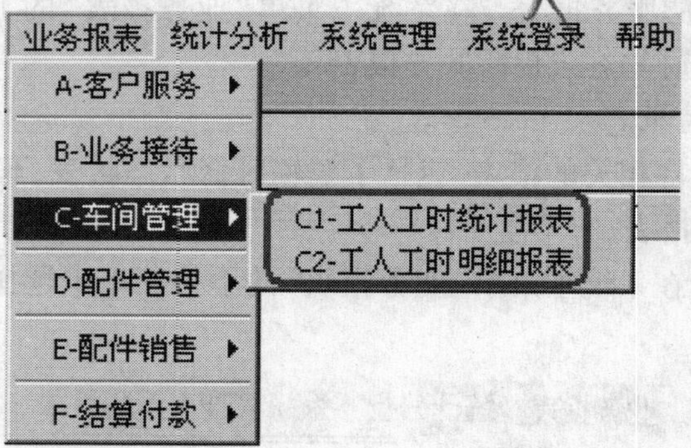

图 3-85

（1）工人工时统计报表。按照系统中的工人名单，生成某一时间段工人工时统计报表，以便计算工人工资。在系统主菜单“业务报表”的下拉菜单“车间管理”的子菜单中选择“工人工时统计报表”。

（2）工人工时明细报表。按照系统中工人名单，生成某一时间段工人详细工时统计报表。在系统主菜单“业务报表”的下拉菜单“车间管理”的子菜单中选择“工人工时明细报表”。

4. 配件管理报表

生成配件管理相关的报表,包括了维修配件入库、出库、退库及其明细报表,盘点报表和配件存积压、短缺报表。在系统主菜单“业务报表”的下拉菜单中选择“配件管理”(如图 3-86)。

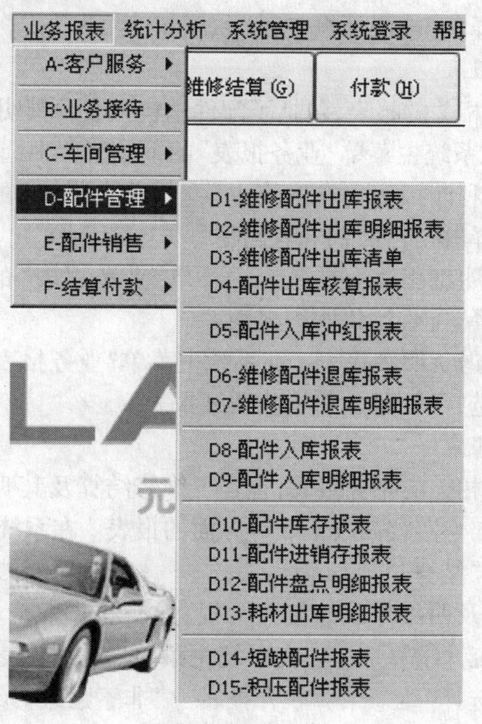

图 3-86

(1) 维修配件出库及明细报表。按照维修配件出库及其明细生成报表,还可以生成维修配件出库清单和维修配件出库核算报表。在系统主菜单“业务报表”的下拉菜单“配件管理”的子菜单中选择“维修配件出库报表”/“维修配件出库明细报表”/“维修配件出库清单”/“维修配件出库核算报表”。

(2) 维修配件退库及明细报表。根据维修配件退库及其明细生成报表。在系统主菜单“业务报表”的下拉菜单“配件管理”的子菜单中选择“维修配件退库报表”/“维修配件退库明细报表”。

(3) 配件入库及明细报表。按照配件入库及其明细生成报表。在系统主菜单“业务报表”的下拉菜单“配件管理”的子菜单中选择“配件入库报表”/“配件入库明细报表”/“配件入库冲红报表”。

(4) 配件库存及盘点报表。按照配件的出入情况生成配件库存报表、耗材出库明细报表、配件进销存报表以及配件盘点明细报表。在系统主菜单“业务

报表”的下拉菜单“配件管理”的子菜单中选择“配件库存报表”/“配件进销存报表”/“配件盘点明细报表”/“耗材出库明细报表”。

(5) 短缺配件和积压配件报表。按照维修配件库存情况生成配件短缺和配件积压报表,以便配件订货。在系统主菜单“业务报表”的下拉菜单“配件管理”的子菜单中选择“短缺配件报表”/“积压配件报表”。

5. 配件销售报表

生成配件销售相关的报表,包括了配件销售报表及其明细报表。

【进入方式】在系统主菜单“业务报表”的下拉菜单中选择“配件销售”。

(1) 配件销售利润报表。在系统主菜单“业务报表”的下拉菜单“配件销售”的子菜单中选择“配件销售利润报表”。

(2) 配件销售明细报表。在系统主菜单“业务报表”的下拉菜单“配件销售”的子菜单中选择“配件销售明细报表。

(3) 配件销售退货明细报表。在系统主菜单“业务报表”的下拉菜单“配件销售”的子菜单中选择“配件销售退货明细报表。

6. 结算付款报表

生成结算付款相关的帐务报表,包含了维修结算及其明细报表、付款报表、欠款报表、欠款批准与实收修改报表等方面的报表。在系统主菜单“业务报表”的下拉菜单中选择“结算付款”。

(1) 维修结算及明细报表。按照常规、索赔和非索赔业务以及理赔、非理赔业务生成报表,统计结算情况。在系统主菜单“业务报表”的下拉菜单“结算付款”的子菜单中选择“维修结算联合报表”/“非索赔维修结算报表”/“索赔维修结算报表”/“业务理赔报表”/“业务理赔明细报表”。

(2) 付款报表。按照维修付款、销售付款、预付付款、保险付款和索赔付款来生成帐务报表,统计付款情况。在系统主菜单“业务报表”的下拉菜单“结算付款”的子菜单中选择“付款联合报表”/“维修付款报表”/“销售付款报表”/“预付付款报表”/“保险付款报表”/“索赔付款报表”。

(3) 欠款报表。按照客户欠款、保险欠款等生成报表,统计某一时间段的各类欠款情况。在系统主菜单“业务报表”的下拉菜单“结算付款”的子菜单中选择“客户欠款报表”/“保险欠款报表”。

(4) 客户累计资金和预付剩余资金报表。按照客户在本维修站所付的维修费用的情况生成的报表,以便查看客户在本站所付总金额。在系统主菜单“业务报表”的下拉菜单“结算付款”的子菜单中选择“客户累计资金报表”/“客户预付剩余资金报表”。

(5) 欠款批准与实收修改报表。按照欠款批准和实收修改生成报表,查看

其情况。在系统主菜单“业务报表”的下拉菜单“结算付款”的子菜单中选择“欠款批准与实收修改报表”。

十一、统计分析

对汽修业务进行多方面、多角度的统计,包括了接车业务分析、客户投诉分析、配件周转分析、维修结算分析等。根据需要以各种统计图表的方式直观的显示统计结果。

1. 接车业务分析

从委托书类型、维修类型、车型和车系等四方面分析接车业务,生成按年、季、月、周和日为单位的统计图表。

【进入方式】在系统主菜单“统计分析”的下拉菜单中选择“接车业务分析”(如图 3-87)。

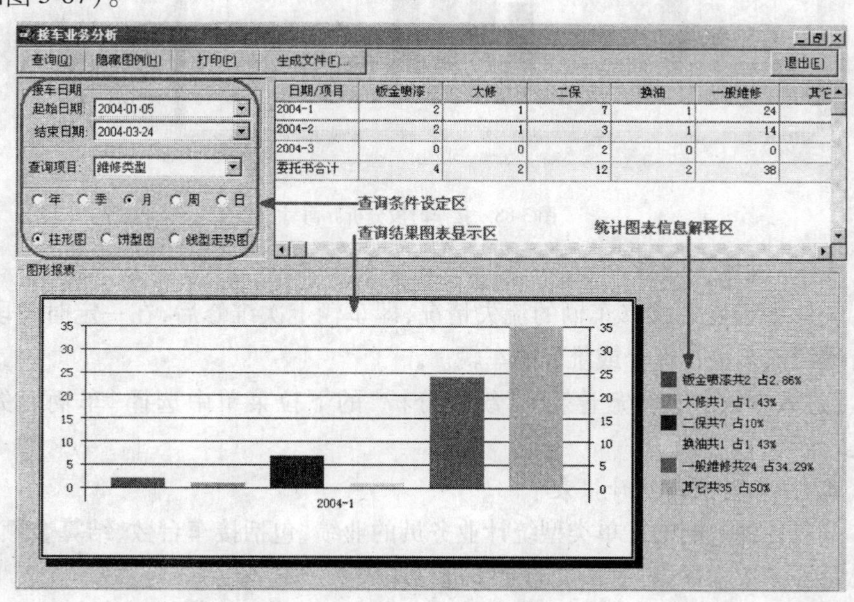

图 3-87 接车业务分析界面

2. 接车时段分析

以小时或者日为单位统计某天中的每小时或者某月中的每天的接车情况。

【进入方式】在系统主菜单“统计分析”的下拉菜单中选择“接车时段分析”。

操作步骤如下:

(1) 设定图表生成条件中的“查询项目”(如图 3-88)。

(2) 点击『查询』按钮,系统显示查询统计图表。其中系统在"统计图表信息解释区"对图表中的表示颜色进行了说明。

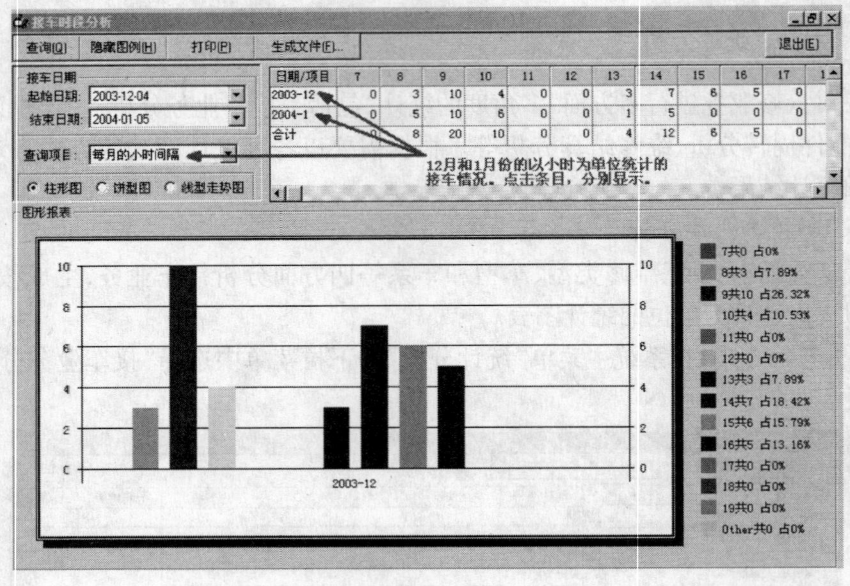

图 3-88　接车时段分析界面

3. 车辆流失分析

统计本维修站维修车辆的流失情况,即车辆上次维修后,在一定时间段内没有继续前来进行保养或维修的车辆。

【进入方式】在系统主菜单"统计分析"的下拉菜单中选择"车辆流失分析"。

4. 业务员业绩统计报表

按照各种不同的工单类型统计业务员的业绩,包括接车台数、结算金额、工时总量等参数指标,对业务员的业绩进行评估。

【进入方式】在系统主菜单"统计分析"的下拉菜单中选择"业务员业绩统计报表"。

5. 维修综合报表

统计某时间段所有车辆的进出累计,掌握车辆维修状态的整体情况。

【进入方式】在系统主菜单"统计分析"的下拉菜单中选择"维修综合报表"。

6. 客户资料分析

按照车型、车系、销售日期、车辆性质等统计客户相应数量。

【进入方式】在系统主菜单“统计分析”的下拉菜单中选择“客户资料分析”。

7. 客户提醒分析

统计分析某一时间段内各种客户提醒的数量。

【进入方式】在系统主菜单“统计分析”的下拉菜单中选择“客户提醒分析”。

8. 客户服务业务分析

按照客户级别、服务日期和服务类型等来统计客户服务业务。

【进入方式】在系统主菜单“统计分析”的下拉菜单中选择“客户服务业务分析”。

9. 客户投诉分析

按照车型、车系、投诉日期、联系类型等来统计客户投诉的次数。

【进入方式】在系统主菜单“统计分析”的下拉菜单中选择“客户投诉分析”。

10. 配件出库与库存分析

按照配件类型和配件的车型来统计某个时间内配件出库和库存的数量，可以分为索赔与非索赔，出库成本和出库数量。

【进入方式】在系统主菜单“统计分析”的下拉菜单中选择“配件出库与库存分析”。

11. 配件出库统计

统计某种或某类配件在某个时间段的出库情况。

【进入方式】在系统主菜单“统计分析”的下拉菜单中选择“配件出库统计”。

12. 配件周转分析

统计某配件在某时间段的进销存情况，计算其金额周转率。

【进入方式】在系统主菜单“统计分析”的下拉菜单中选择“配件周转分析”。

13. 配件维修成本统计

通过统计配件在某个时间段的进价、售价的统计，分析配件维修成本。

【进入方式】在系统主菜单“统计分析”的下拉菜单中选择“配件维修成本统计”。

14. 维修结算分析

按照车型、车系、委托书类型等来统计各类车型的维修结算情况。

【进入方式】在系统主菜单“统计分析”的下拉菜单中选择“维修结算分

析”。

15. 车辆结算分析

统计车辆的结算情况，保险公司付费、车间工单、内部车辆维修等分别所占比例。

【进入方式】在系统主菜单“统计分析”的下拉菜单中选择“车辆结算分析”。

16. 付款分析

按照支票付款和现金付款统计付款类型。

【进入方式】在系统主菜单“统计分析”的下拉菜单中选择“付款分析”。

十二、信息服务

提供工时、配件信息的即时查询，给客户发送手机短信，给正在局域网络中使用本系统的用户发送短信息。还提供视频功能，对维修现场进行实时监控。

1. 维修工时和配件查询

本模块可供用户在使用系统的任何时候，查询维修工时。在系统主菜单“信息服务”的下拉菜单中选择“工时查询”/“配件查询”。

2. 手机短信发送

可以在系统中给客户发送手机短信，实现系统和客户之间的实时联系。支持手机短信的单发和群发。

3. 视频监控

提供视频功能，对维修现场进行实时监控，并可以截取视频图片保存到计算机中。在系统主菜单“信息服务”的下拉菜单中选择“视频监控”。

4. 定制信息

本系统提供发送局域网信息的功能。预先定制信息，以供发送时选用。在系统主菜单“信息服务”的下拉菜单中选择“内部信息定制”。

5. 发送信息

在局域网中使用本系统的人员可以通过“信息服务”中的“内部信息发送”向其他人员发送网络信息。在系统主菜单“信息服务”的下拉菜单中选择“内部信息发送”。

6. 查阅信息

阅读局域网消息。在系统主菜单“信息服务”的下拉菜单中选择“内部信息查阅”。

7. LED 模拟显示

模拟 LED 显示，供客户在休息区查看车辆状态等信息。

思考与练习

一、填空题

1. 元征汽车维修网络管理系统(LAMN)系列分为________、________、________三种。

2. 维修站基本信息包括________、________、________和________等基本描述。

3. 定义在业务接待功能模块中要用到的有关基本信息,主要包括________、________、委托书和维修类型以及工时信息。

4. 定义在车间管理功能模块中要用到的有关基本信息,主要包括________、________和工人等信息。

5. 定义在配件管理功能模块中要用到的有关基本信息,主要包括________和________等信息。

6. 定义在结算付款功能模块中要用到的有关基本信息,主要包括________、________、和________等信息。

二、简答题

1. 元征汽车维修网络管理系统(LAMN)具有哪些特点?

2. 使用元征汽车维修网络管理系统(LAMN),企业必须满足的基本条件是什么?

3. LAMN(元征汽车维修网络管理系统)系列豪华版、标准版和简易版分别适用的对象是什么?

三、判断题

1. 元征汽车维修网络管理系统(LAMN)不支持扫描枪、读卡机、摄像机的使用。 ( )

2. 在输入客户车辆信息时,如果是老客户,可以通过点击查询图标查询录入客户车辆信息。 ( )

四、实操题

1. 运用元征汽车维修网络管理系统(LAMN)创建维修任务委托书。

2. 运用元征汽车维修网络管理系统(LAMN)进行派工。

3. 运用元征汽车维修网络管理系统(LAMN)进行配件入库和出库。

4. 运用元征汽车维修网络管理系统(LAMN)进行维修结算和付款。

5. 运用元征汽车维修网络管理系统(LAMN)生成业务接待报表。

6. 运用元征汽车维修网络管理系统(LAMN)进行接车业务分析、维修结算分析。

课题二　上海大众汽车有限公司特约维修服务企业管理软件简介

一、上海大众汽车有限公司维修网络管理系统的特点

上海大众汽车有限公司特约维修服务企业统一使用由上海大众新技术有限公司开发的SVW-2 汽车维修管理系统，该系统是一个集系统管理、信息管理、业务接待、仓库管理、车间管理、工具管理、查询统计等功能于一体的综合管理软件。系统的主要业务功能反映了丰富的行业经验，特别适合国情。另外，在结算模式定义、权限管理、操作日志等方面的解决方案非常有特色，各种业务查询统计功能也很丰富。通过SVW-2 管理系统，汽车维修日常业务会得到及时的统计和归纳，分别生成不同的报表，例如维修量、维修次数、零件消耗、工作量等。该系统能使维修服务企业的业务流程标准化和信息共享性得以提高，它能对维修站的基础数据包括对业务数据、某一地区或大用户的业务数据、维修特征和客户资料等加以汇总和分析，有助于企业管理者正确认识到本企业在整个维修市场上的定位，理顺管理者的管理思路，是目前国内比较成熟的汽车维修企业管理软件之一。

二、上海大众汽车有限公司维修网络管理系统的基本功能

1. 系统管理

正确设置系统参数是保证系统正常运行的前提，为了增强系统的通用性，SVW-2 系统增加了许多可设置的参数项目，设置这些参数的顺序应该按照菜单排列的顺序进行。

(1) 优先参数设置。所谓优先参数是指应该首先设置的参数，共有 10 项，操作屏幕如图3-89所示。屏幕的左侧是参数分类，右侧是与各类参数对应的参数内容，并随鼠标在左侧定位的变化而变化。操作时根据系统提示逐一完成各项参数的设置。

(2) 结算方式定义。结算方式定义是 SVW-2 系统的特色。维修车辆的不同(如政府定点维修车辆)，其材料管理费率、工时折扣等也不一样，在开始进行结算方式定义前，应该首先精心设计好各种结算项目及其对应的计算公式，以及公式中要用到的参数。

(3) 修理类型定义。有的车辆属于三包或强制维护性质的车辆，有的车辆属于保险公司的出险车，有的车辆是政府定点维修的车辆，有的客户属于本公司的特殊客户，比如俱乐部会员，其修理的价格或支付方式不一样，这些在软件

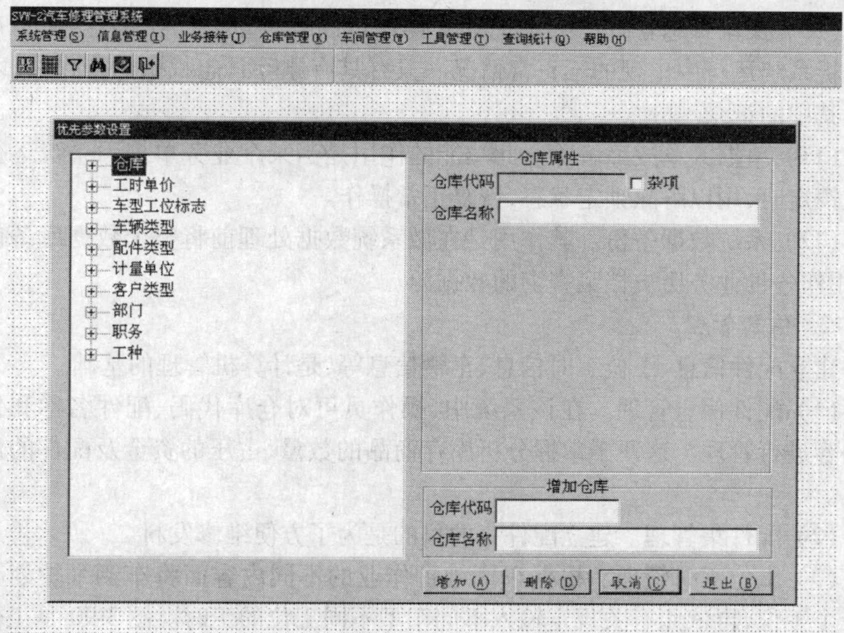

图3-89 系统优先参数设置界面

中都要加以记录,以便进行不同的业务处理。

(4) 基本参数管理。输入车辆的基本参数,如车牌号、车型、发动机号、底盘号、车辆的VIN码、车主单位(或姓名)、联系人、联系电话等。

(5) 会计期间定义。会计期间定义方式分为两种,一种是按自然月份定义,另一种是自定义周期,是管理者设定的一个结算或统计周期。对于已经定义好的某个会计周期中的期初和期末两个日期,如小于当前日期则不能再修改。

(6) 销售设置。销售价格种类和名称(如批发价、零售价)的设置是为了配件信息管理、维修发料、配件销售等所作的准备工作。

(7) 操作员登录。操作员登录功能的作用是在系统运行期间,如果想换其他操作员使用本系统,那么可以不退出系统而直接点取"操作员登录"菜单,进行重新登录。

(8) 操作员权限设置。操作人员的权限设置对于安全使用本系统非常重要,这项工作必须在输入了职工信息后才能进行。不同的人使用不同的密码进入,也会有不同的权限。

(9) 操作员口令更新。操作员口令更新功能的作用是操作员为了自身使用系统的安全,可以不通过系统管理员而自己修改登录口令。

(10) 操作日志管理。其中记录了操作员的各种重要操作信息，便于查找和分析系统运行中出现的不正常情况。只有具有删除日志权限的操作员，才能删除其中的记录。

(11) 单据共享故障解除。此功能的作用是当某个业务单据因系统运行故障被锁定时，用以解除锁定状态，恢复正常操作。

(12) 系统数据备份。其作用是在做系统数据处理前将整个数据库备份下来，用作各种业务历史档案查询的数据源。

2. 信息管理

建立配件信息、工位工时信息、车辆信息等，是计算机管理的基础。

(1) 配件信息管理。在该系统中，操作员可对仓库代码、配件名称和代码等内容进行管理。这便于掌握分析库存商品的数量、占压的资金及配件的流动情况。

(2) 配件集管理。建立配件集的目的是为了方便维修发料。

(3) 工位工时管理。根据车辆维护作业的不同内容而将车辆维护划分为若干个工位，再依照有关规定输入不同车型不同工位的工时。图 3-90 是工位工时管理屏。

(4) 工位工时打印。打印相应的工位工时信息。

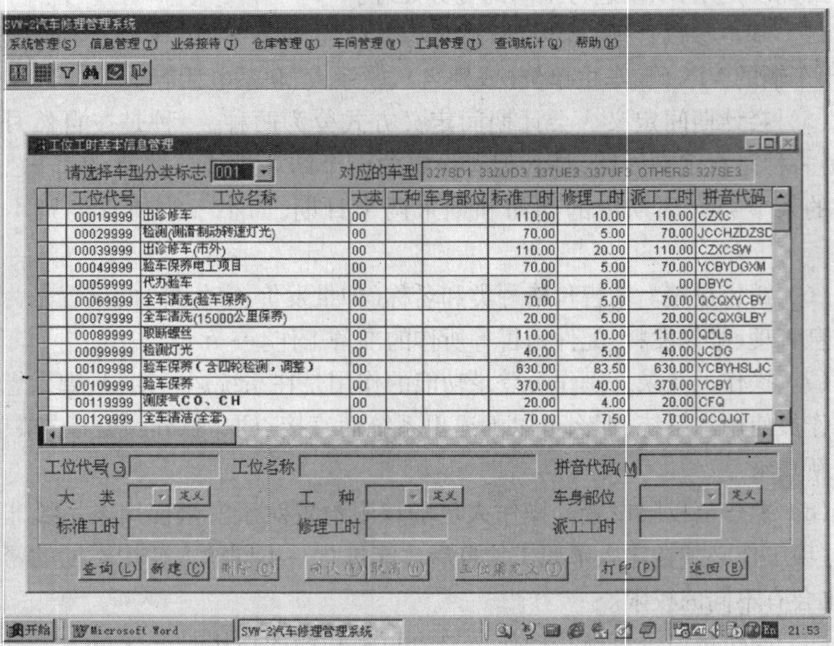

图 3-90　工位工时管理界面

(5) 客户车辆管理。如果是新客户，我们要建立客户及车辆的信息，如车牌号、车型、车主单位、姓名、联系电话、驾驶证号等。如果是老客户，一般只要输入车牌号码，那么客户在计算机中保存的各种信息就会自动调出来。

(6) 客户车辆打印。打印客户车辆信息。

(7) 职工信息管理。建立职工信息是设置系统操作员权限和派工的基础。

(8) 工具信息管理。对企业的工具、量具、设备等进行建档管理。

3. 业务接待

客户来修车，首先由业务员听取车主的诉求，对车辆做出故障诊断、修理估价，再在管理系统中开委托书、派工单，最后结算。

(1) 开委托书。图 3-91 是开委托书的屏幕。根据车辆的维修项目输入修理工位号，系统自动取出修理内容、修理工时、派工工时等内容。可打印委托书、派工单。

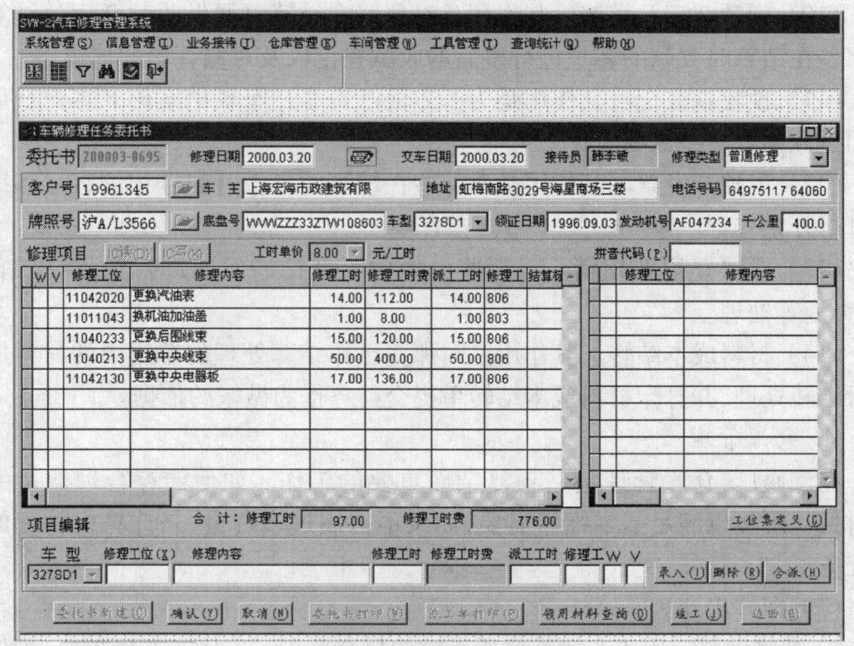

图 3-91 委托书编辑界面

(2) 修理情况动态显示。其作用是显示在修车辆的情况。所谓在修车辆的概念是尚未完成费用结算的那些车辆。

(3) 特殊车辆提示设定。其作用是对一些有特殊问题的车辆记录一些信息(如失窃车)，这些信息会在该车辆的修理委托书确认时出现，从而提醒其他

业务接待对该车的有关情况引起注意。

(4) 用户调查数据生成。其作用是以本系统收集的客户车辆为数据源,产生可以传送给上海大众有关部门的用户调查数据文件。

(5) 售后服务科月报表。SVW-2 汽车维修管理系统将在各维修站要求明确后再开发。此功能拟用于各维修站每月数据的统计及报表的生成。

(6) 修理估价。主要是针对事故车或大修车的修理费用进行估价。

(7) 索赔处理。用于新车质量、维修质量的索赔处理。包含有首保费用清单、索赔申请及故障报告、故障报告修改及打印、申请单退单处理、质量担保手册、索赔传送文件生成、索赔申请核销、索赔情况统计等内容。

(8) 结算处理。根据系统管理中定义的结算方式,对车辆的维修费用进行结算、打印、登记及核销发票。

(9) 负结算处理。负结算的功能是为了在各种非正常情况下,满足对结算数据的恢复。

(10) 到款登记及核销。其作用是对那些在结算时漏做收款登记的结算单或那些在结算时欠款的客户进行事后的收款登记以及对结算单的核销。

(11) 预收款登记。其作用是为了方便已有客户车辆档案的老客户日后消费而事先预收一些款项。

(12) 单独开发票。其作用是对那些在结算时未做开票登记的客户和结算单进行开票登记。

(13) 发票登记及核销。对那些已经做了登记的发票进行到款、核销、作废、查询等处理。

(14) 材料成本结转。其作用是对那些已作结算处理的单据中的材料成本进行结转处理,并打印材料成本结转单提交财务作为做帐的依据。

4. 仓库管理

在汽修厂,仓库管理是一项复杂而重要的工作。如何储存合理数量的配件、材料,既可以满足基本维修需要,而又不占用过多资金,是计算机管理的重要任务。

(1) 配件出仓。

① 维修发料。用于车辆维修所发放的材料登记。应输入车辆信息、配件信息、配件数量、领料人等。如图 3-92 所示。

② 配件销售。用于从仓库中所售出配件的信息登录,并生成销售单。

③ 配件领用。配件领用主要用于那些不能直接与客户结账的材料消耗,比如一些油漆和辅料,此外,也可用于一些特殊的内部出库需要。

④ 配件报损。用于盘点后的配件报损处理或局部的报损处理。

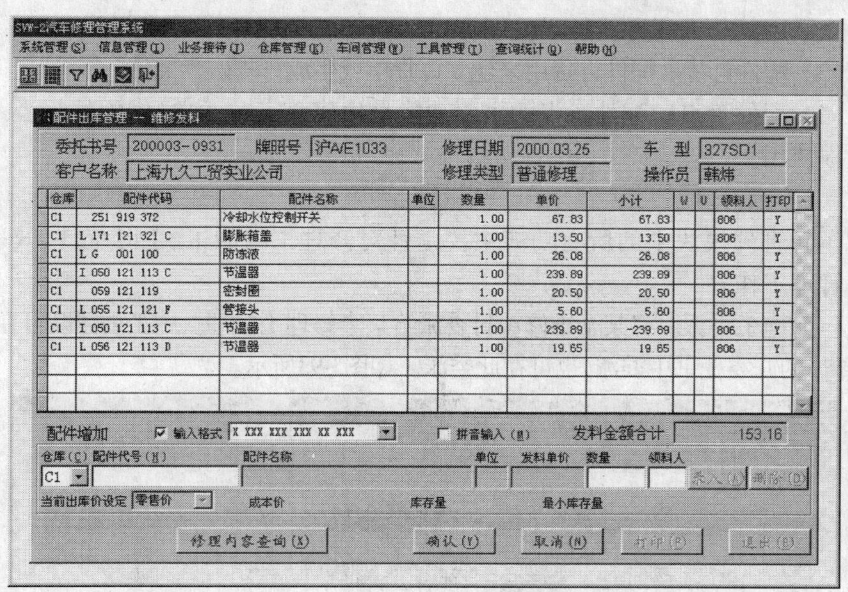

图 3-92　配件发料登记界面

⑤ 配件借出登记。主要用于维修站之间的相互调剂，只做借出量登记，而不从库存中扣除。

⑥ 借进归还。主要用于维修站之间配件的借入与归还。

⑦ 移库出仓。主要用于本系统内部各仓库之间的某些配件的移位。

⑧ 配件调拨出库。用于向本系统外部的某个部门或单位调拨。

⑨ 采购退货。主要用于采购入库配件的退货。

(2) 配件入仓。

① 采购入库。采购回的配件、材料等作入库登记。

② 移库进仓。用于本系统内部各仓库之间的某些配件的移位。

③ 调拨入库。用于本系统以外的某部门或单位向本系统调拨配件。

④ 销售退货。主要用于已经结算的配件销售的退货，销售退货必须根据原销售单据进行。

⑤ 配件报溢。主要用于盘点后的配件报溢处理或局部的报溢处理。

⑥ 借进登记。主要用于维修站之间的相互调剂，只做借进量登记，而不直接记入库存。

⑦ 借出归还。主要用于维修站之间的相互调剂，只注销借出量，并不直接记入库存。它对应于配件出库中的借出登记，用来注销借出登记单。

⑧ 其他入库。对于不能归入上述七种入库类型的入库，如调整库存等，用

户可以采用其他入库方式加以处理。

(3) 配件订货。配件订货用来建立订货单或生成订货磁盘文件。

(4) 配件盘点。配件盘点的主要功能是生成盘点盈亏单,供配件报溢或配件报损使用。

5. 车间管理

车间管理模块中的所有功能主要是针对修理工的派工、工时统计、效率分析等管理工作。

(1) 施工委派。将某个维修项目委派给某个修理工修理。施工委派既可在“业务接待”的开委托书中委派,也可在此委派。如图3-93所示。

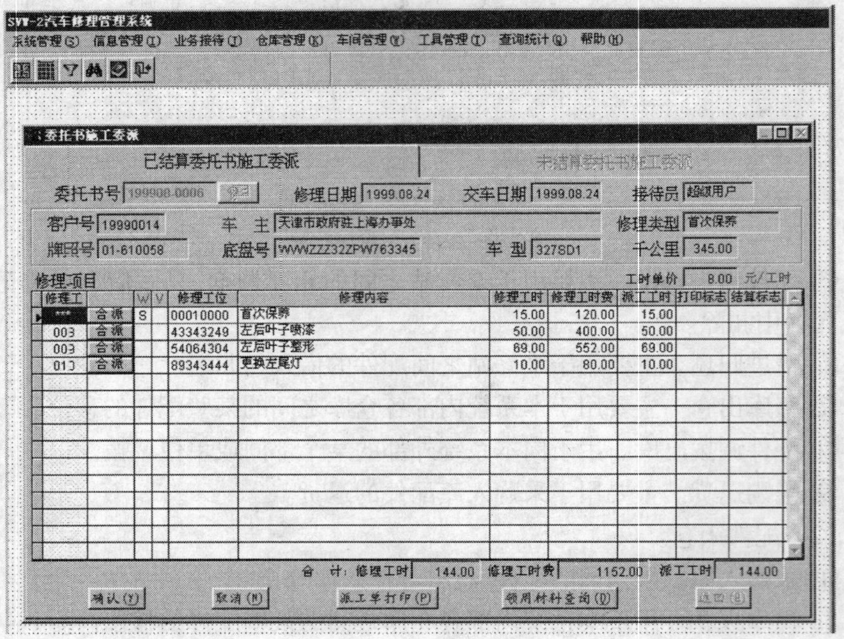

图 3-93 施工委派编辑界面

(2) 施工检验。其作用是对部分修理委托书进行抽检确定其是否合格。

(3) 修理工工时结算。修理工工时结算是将修理工位所对应的额定派工工时与修理工联系起来,从而解决修理工工时统计问题。

(4) 修理工工作档案。其作用是按不同条件(如车牌号、工号、委托号)查询修理工在某日或指定时间段的工作内容、派工工时、修理工时等。

(5) 生产效率分析。

① 每日工作登记。其作用是对修理工的实际工时进行登记,系统将根据派工时的额定工时和输入的实际工时自动计算出勤率、工时利用率、生产效率等。

② 工作效率查询。其作用是查询一个时间段内维修人员的出勤率、工时利用率、工件效率等统计数据。

(6) 派工单查询。按选择的查询方式(如按派工单号、按牌照号、按委托书号、按修理工)查询派工单的详细内容。

6. 工具管理

工具,指的是汽车修理设备。对工具的管理,SVW-2 提供了 8 种入库和出库类型。

(1) 采购入库。如图 3-94 所示,工具采购入库的屏幕分为 4 个区域:单据及供应商信息区、入库工具列表区、入库工具编辑区和操作按钮区。

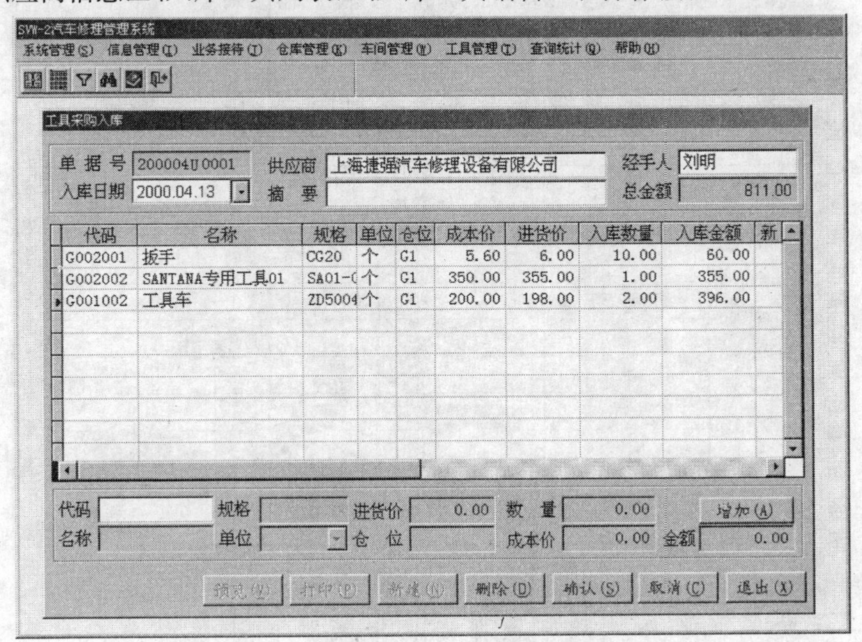

图 3-94 工具采购入库界面

(2) 借用归还。经借用出库的工具,应采用借用归还、收回仓库。

(3) 发放退回。经发放出库的工具,可以采用发放退回、收回仓库。

(4) 借用出库。对于修理工借用工具设备,应该采用借用出库。

(5) 发放出库。对于一些配给修理工的常用修理设备,可以采用发放出库。

(6) 借用报损。经借用出库的工具,如已无法归还,可以采用借用报损注销其借出量。

(7) 工具盘点报损。经盘点,如果工具账面数量大于实际库存,可以采用

盘点报损加以修正。

(8) 工具盘点报溢。经盘点，如果工具账面数量小于实际库存，可以采用盘点报溢加以修正。

7. 查询统计

查询统计涉及系统中各个业务模块工作的结果，包括配件收发、修理销售、费用结算、收款和发票登记、经营状况统计等。

(1) 配件查询

① 仓库概貌。按照某种条件查询库存商品的总金额如图 3-95 所示。

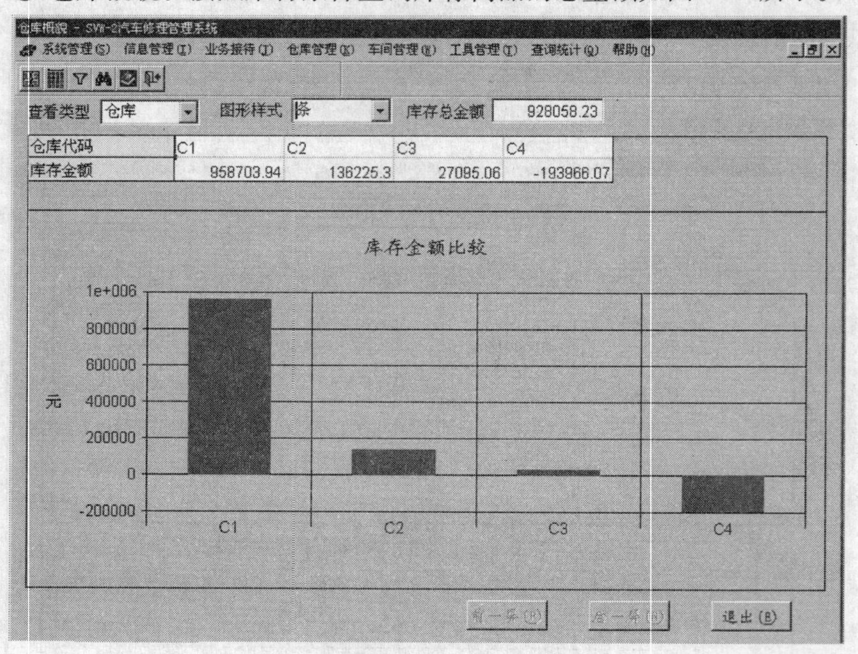

图 3-95 配件查询界面

② 配件价格及库存查询。查询配件的各种销售价和库存等基本信息。

③ 配件流向及流量查询。其作用是查询配件进出仓库的详细流向和流量记录。

④ 配件收发存月度报表。某一月度配件收进、发出、留存的报表。在配件收发存月度报表查询屏幕中，双击任何一个配件即可查询配件进出明细账，如图 3-96 所示。

⑤ 仓库收发存月度报表。某一月度仓库收进、发出、留存的材料金额报表。

⑥ 配件期间收发统计。查询统计任意时间段内配件的收进与发出，而不统计配件的留存。

发生日期	进出类型	单据号	数量	成本单价	进出价格	库存数量
2000.03.11	维修发料	200003-0320	1.00	90.9700	136.6200	21.00
2000.03.14	维修发料	200003-0454	1.00	90.9700	136.6200	20.00
2000.03.14	维修发料	200003-0503	1.00	90.9700	136.6200	19.00
2000.03.14	维修发料	200003-0494	1.00	90.9700	136.6200	18.00
2000.03.15	配件销售	200003*0080	1.00	90.9700	157.0000	17.00
2000.03.15	配件销售	200003*0084	1.00	90.9700	157.0000	16.00
2000.03.16	维修发料	200003-0592	1.00	90.9700	136.6200	15.00
2000.03.17	维修发料	200003-0605	1.00	90.9700	136.6200	14.00
2000.03.17	维修发料	200003-0636	1.00	90.9700	136.6200	13.00
2000.03.20	采购入库	200003A0023	30.00	34.1880	40.0000	43.00
2000.03.21	维修发料	200003-0740	1.00	51.3547	136.6200	42.00
2000.03.21	维修发料	200003-0747	1.00	51.3548	136.6200	41.00

进出类型	数量
采购入库	30.00
配件销售	2.00
维修发料	9.00

图 3-96　配件收发存月度报表查询

⑦ 仓库期间收发统计。查询统计任意时间段内仓库收进与发出的材料金额,而不统计仓库留存的材料金额。

⑧ 订单到货情况。查询统计材料订单及材料到货情况。

⑨ 更名历史查询。配件代号变更的查询。

⑩ 收发单据查询。各种配件的收发单据查询。

⑪借进借出查询。查询统计配件的借进或借出的数量。

⑫内部领用查询。按条件(仓库、配件代码、部门、领件人、配件类型、时间)查询及统计配件的领用情况。

⑬配件积压查询。按条件(仓库、车辆类型、最后发生日期)查询及统计配件的积压情况。最后发生日期是指该日期之后,屏幕上所显示的配件都没有发生过出入库。

⑭库存报警查询。查询及统计库存的哪些配件已小于(或等于)设定的最小库存量。

(2) 维修业务查询。按条件查询及统计维修车辆的修理及工时完成情况、结算及付款情况、未结算销售额与免费修理情况。

(3) 结算档案查询。按条件查询维修车辆的结算情况。

(4) 车辆修理情况统计。按日期范围对客户车辆的修理费用进行统计和

排名。

(5) 到款单据查询。其作用是查询结算单据的到款情况。

(6) 发票查询。其作用是查询某时间段的发票信息。

(7) 结转成本查询。其作用是查询成本结转单据中的结转总额及其相关结算单据中的相应结转额,如图 3-97 所示。

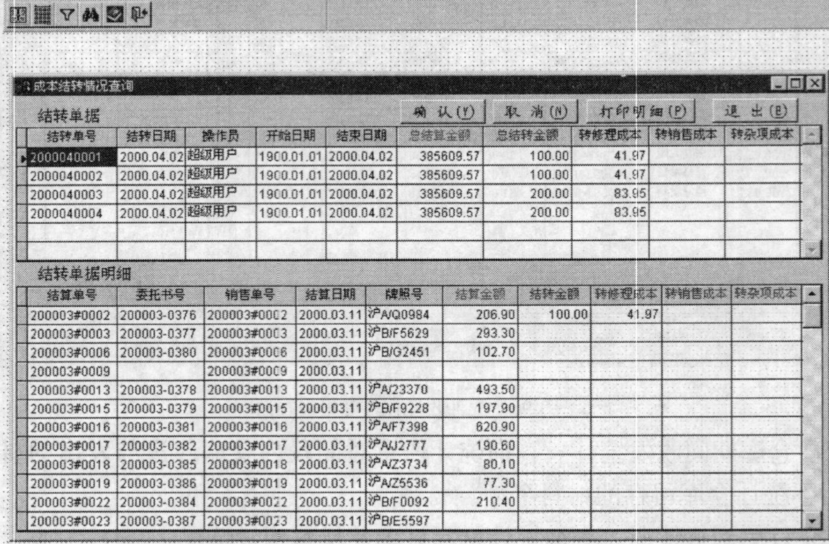

结转单据

结转单号	结转日期	操作员	开始日期	结束日期	总结算金额	总结转金额	转修理成本	转销售成本	转杂项成本
2000040001	2000.04.02	超级用户	1900.01.01	2000.04.02	385609.57	100.00	41.97		
2000040002	2000.04.02	超级用户	1900.01.01	2000.04.02	385609.57	100.00	41.97		
2000040003	2000.04.02	超级用户	1900.01.01	2000.04.02	385609.57	200.00	83.95		
2000040004	2000.04.02	超级用户	1900.01.01	2000.04.02	385609.57	200.00	83.95		

结转单据明细

结算单号	委托书号	销售单号	结算日期	牌照号	结算金额	结转金额	转修理成本	转销售成本	转杂项成本
200003#0002	200003-0376	200003#0002	2000.03.11	沪A/Q0984	206.90	100.00	41.97		
200003#0003	200003-0377	200003#0003	2000.03.11	沪B/F5629	293.30				
200003#0006	200003-0380	200003#0006	2000.03.11	沪B/G2451	102.70				
200003#0009		200003#0009	2000.03.11						
200003#0013	200003-0378	200003#0013	2000.03.11	沪A/23370	493.50				
200003#0015	200003-0379	200003#0015	2000.03.11	沪B/F9228	197.90				
200003#0016	200003-0381	200003#0016	2000.03.11	沪A/F7398	620.90				
200003#0017	200003-0382	200003#0017	2000.03.11	沪A/J2777	190.60				
200003#0018	200003-0385	200003#0018	2000.03.11	沪A/Z3734	80.10				
200003#0019	200003-0386	200003#0019	2000.03.11	沪A/Z5536	77.30				
200003#0022	200003-0384	200003#0022	2000.03.11	沪B/F0092	210.40				
200003#0023	200003-0387	200003#0023	2000.03.11	沪B/E5597					

图 3-97　结转成本查询

(8) 工具查询

① 业务单据查询。查询工具的各种进出业务单据。

② 职工在借工具查询。按职工姓名查询工具的借用情况。

③ 工具在借职工查询。按工具名称查询职工的借用情况。

(9) 经营状况统计。设置了统计日期后,可分别查询统计修理及工时完成情况、结算及付款情况、未结算销售额、索赔免保及返工情况。

(10) 派工历史信息查询。查询修理工工作档案和派工单。

(11) 业务历史信息查询。查询修车档案、结算档案、到款单据、发票、结转成本、经营状况等。

(12) 配件历史信息查询。查询配件收发存月度报表、配件期间收发统计、订单到货情况、内部领用、仓库收发存月度报表、仓库期间收发统计、各种收发

单据。

(13）工具历史信息查询。查询工具业务单据、职工在借工具情况、工具在借职工情况。

思考与练习

1. 大众汽车有限公司特约维修服务企业使用的SVW-2汽车维修管理系统有哪些功能?

2. 使用SVW-2系统前应该优先设置哪些参数?

3. 车辆信息包含哪些主要内容?

4. SVW-2系统中生成的维修委托书有哪些主要内容?

5. 配件管理中哪些项目属于配件出仓?

6. 车间管理包含哪些主要内容?

7. SVW-2系统可查询哪些主要内容?

课题三　丰田汽车公司特约维修服务企业管理软件简介

一、丰田汽车经营店管理软件概述

1. 丰田汽车经营店管理软件的构成

(1)销售店业务支援系统(TACT, Total Arranging and Cultivating system of TOYOTA);

(2)分销商业务支援系统(C-DIST, Chinese version of TOYOTA Distributor system);

(3)顾客关系建设系统(E-CRB, Evolutionary-Customer Relationship Building)。

2. 各个系统的主要功能

(1) 从广州丰田到销售店到顾客这个过程,需要依靠TACT/C-DIST系统来对销售、售后服务、零部件补给情况等进行实时管理;

(2) 通过TACT/C-DIST系统可以使广州丰田及时掌握生产、物流、销售、补给以及服务等市场方面的实际情况,以及时制定对策;

(3) 通过E-CRB可以支持我们系统地、循序渐进地建立与个体顾客关系的综合解决方案。通过高品质的CR活动和高度情报化CR工具、顾客和销售店之间建立长期的依赖关系,并发现新的潜在顾客。

3. 各系统的范围

(1) TACT/ C-DIST 覆盖范围,见图 3-98。

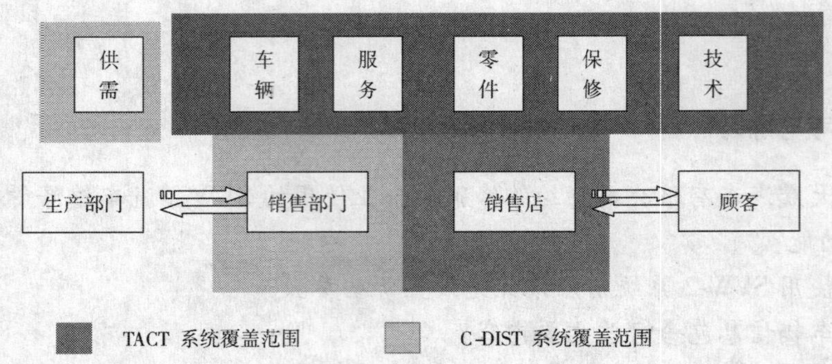

图 3-98 TACT/ C-DIST 覆盖范围

① TACT 系统是销售店与顾客、广州丰田与销售店进行交流的计算机管理系统;

C-DIST 系统主要是广州丰田使用的计算机管理系统,其中小部分页面对销售店开放。

② TACT 系统的管理阶段是在车辆到达销售店之后销售店的日常业务管理,主要业务包括车辆销售、一般维修、保修、技术、零件供应等。

C-DIST 系统的管理阶段是在销售店向广州丰田订车到车辆到达销售店之前,主要业务包括车辆供需管理、车辆销售管理、车辆物流管理、基础数据与报表维护等。

③ 销售店与广州丰田都可进行系统数据的查询、提取。

(2) E-CRB 的支援覆盖范围,见图 3-99。

① E-CRB 系统分为对售前销售行为的支援和对售后销售行为的支援,通

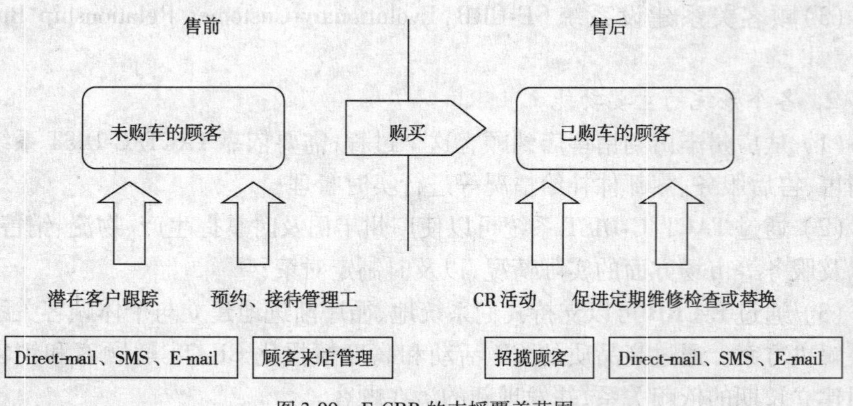

图 3-99 E-CRB 的支援覆盖范围

过多种手段(网站、短信、电话、邮件)及时准确与顾客联系,挖掘潜在顾客,留住已有顾客。

② E-CRB 系统包含 i-CRB(智能化顾客关系优化程序)、Owner-logs(车主日志)、SMB(服务管理看板)、CS 板(作业进度电子板)、TCV(车辆自助选配演示系统)等模块。

4. 系统特点

(1) Web 系统。服务器在丰田销售店使用 IE 浏览器即可访问系统;销售店系统管理简单、工作量小,能有效减轻系统维护的成本。

(2) 集中型系统。所有的数据(顾客信息、销售业绩等)集中在一处保存,能够方便地进行统计、分析;整车销售、售后服务、补充零部件等的各功能和数据紧密集成,能顺利并高效率地实现各业务;便于丰田对销售店提供业务支持。

二、丰田售后服务标准业务流程软件的基本功能

丰田售后服务标准业务流程包括:预约;接待;维修工单;派工与维修;质量控制;交车;维修后跟踪七个步骤,简称七步骤流程。丰田销售店彻实按这七个步骤进行售后服务工作一定获得很高的顾客服务满意度评价。

1. 预约

(1) 维护提醒。销售店通过使用 i-CROP,向顾客提供“无遗漏,高品质,时机适当”的定期维护提醒等招徕活动服务。

(2) 预约准备。针对在第一次致电提醒顾客入厂保养时,还没有作出决定是否入厂的顾客,进行第二次致电;针对在定期入厂保养提醒致电时达成临时预约的顾客,进行预约准备;施工单、估算单、零件出库单递交车间主管,进行零件准备;根据施工单,确认预约入厂日期及预约工位,维修技师,将施工单和零件出库单递交相应的维修技师。同时,将估算单插入 SMB 槽中的入库准备中。维修技师根据施工单及零件出库单确认维修项目及所需零件,向零件部门领取所需零件,放置在预约准备货架的零件准备小筐内;根据预约车辆车牌号码,预约入厂日期,负责技师制作标签,张贴于零件准备筐上;根据领取零件在零件出库单上就零件库存状态作出确认并标记;将施工单,零件出库单递交至车间主管。收到施工单、零件出库单,确认零件准备完成后,连同估算单从 SMB 槽中抽出一齐交服务顾问,告知预约准备已完成。

(3) 预约确认。收到车间主管递交的施工单、估算单、零件出库单后,根据零件出库单的库存确认,确认零件是否已准备齐全;确认预约准备已完成。确认预约准备完成之后,在预约入厂日前 2 日对已临时预约的顾客再次致电,进

行预约确认。如果顾客要求取消预约时，在 i-CROP 中取消预约。如果有零件出库，在 TACT 系统中进行退库处理，将已经准备好的零件重新放回货架，在 TACT 系统中作工单取消处理。

2. 接待

（1）在前一天下班前，登录 i-CROP 系统，进入预约列表，确认第二天预约顾客列表，将该表复制到一张 Excel 表格上后打印出来，并向服务顾问确认准备完成情况。名单表内容包括：客户名，车牌号，维修类型，预约入厂时间等。

（2）顾客驾车入厂，引导员在接待台处示意顾客停车，并上前接待顾客，确认顾客是否有约。

（3）在确认顾客是否有预约后，针对预约顾客和非预约顾客分别引导至相应的接待工位。

① 预约顾客：根据预约名单表确认维修类型和相应的服务顾问，然后引导顾客停车至指定的接待工位。

② 非预约顾客：向顾客确认维修类型，然后引导顾客至相应的接待工位。

（4）当顾客将车辆驶入接待工位时，上前接待顾客。确认记录车辆信息。确认顾客维修需求。引导顾客进行环车检查。完成环车检查，引导顾客至维修接待区。

3. 维修工单

（1）施工单做成。操作步骤如下：

① 登录 TACT 系统，进入服务/接待功能。输入车牌号后 4 位或 VINNO 后 7 位并点击『检索』。

② 点击对应的车牌或 VIN NO 就可以看到该车辆的信息。如没有对应顾客的信息，在"新增"栏中输入车辆信息即可。

③ 车辆信息画面。

④ 点击『技术情报参照』，可查阅技术情报。技术情报为 pdf 格式，浏览需安装 Adobe Reader 软件。

⑤ 选择接待方式种类，分别发行估算书和施工单。

（2）针对需要诊断以确定故障原因的车辆。将车移至诊断工位，根据施工单对车辆故障进行确认。若车间主管不能确定故障，则将施工单分派给相应维修技师。根据车间主管派发的工单，对车辆进行故障现象确认。根据确认后的故障现象，对车辆进行诊断。核实施工单内容后，将施工单递交顾问并告知预计维修所需要时间，然后将车辆移至维修服务停车区。如果维修技师和车间主管均不能确认故障原因时，车间主管登录 TACT 系统，制作技术报告（DTR），通

过电话联络,咨询丰田售后服务科,接受售后服务科的应答,在得到答复后,将修理方案提供给维修技师。

(3) 针对需要诊断以确定是否保修的车辆。根据施工单内容,确认相关的TI/SB信息。根据施工单内容,判定是否保修。对于需要维修技师诊断的车辆,派发给相应的维修技师。对车辆进行诊断检查,并将诊断结果记录于施工单递交车间主管。根据诊断结果,判定是否保修并将判定结果记录于施工单。将施工单递交服务顾问并告知预计维修所需时间。

(4) 零件确认。根据施工单确认所需必要的零件。登录TACT系统,进入服务→估算→结算功能,确认零件库存状态。

(5) 估算单作成。服务顾问登录TACT系统,进入服务/估算/结算功能。服务顾问在估算单内输入下次入厂预定日期和里程。服务顾问根据施工单维修内容,作出维修报告。服务顾问根据施工单所需必要的零件,作出零件报告。服务顾问核查完维修报告、零件报告、估算结果报告无误后,打印估算单。

(6) 顾客授权。

① 向顾客出示施工单和估算单,详细解释维修项目、工时价格、维修所需要的零件及价格、预计总费用、预计交车时间等详细内容。

② 征得顾客同意,并请顾客在实车检查单,施工单及估算单上签字,并将实车检查单及估算单的顾客联交顾客保存。

③ 登录TACT系统,作零件出库,打印零件出库单2张。仅针对快速接待和套餐接待车辆,一般修理车辆由零件仓库打印出库单。

④ 引导顾客至顾客休息区休息,并向顾客就休息区作出介绍。

⑤ 登录SMB系统,进入厂处理操作。

⑥ 服务顾问将车辆开至车间维修入口处,同时递交实车检查表、施工单、估算单、零件出库单交至车间主管。

⑦ 顾客要求增减维修内容时,在TACT系统估算/结算画面对维修项目及所需零件进行增减或删减。根据顾客需求,重新制作出估算单。针对新的估算单,向顾客重新解释,确认。根据新的维修内容向顾客告知预计交车的时间。顾客确认后签名。

⑧ 顾客要求取消作业时,则在估算/结算画面进行工单取消作业。已打印的施工单和估算单则需要单独处理。

4. 派工与维修

(1) 派工。车间主管每天下班前,通过SMB确认第二天的预约工作,预约的工位及技师,制定第二天的工作计划。顾客在施工单上签名确认后,服务顾问将实车检查表、施工单、估算单、零件出库单等单据交给车间主管,同时须车

间主管确认。车间主管在拿到施工单后，需要确认施工单维修项目。通过 SMB 电子管理看板，根据情况将工作分派给相应的技师，同时，将实车检查表，施工单及出库单交至维修技师，告知技师交车的时间。车间主管将估算单插入 SMB 槽中相应的位置内，在 SMB 管理看板上更新车辆的工作状态。如果顾客车辆入厂时间比预约提前或推迟，车间主管应在 SMB 管理看板上更改开始作业时间。

(2) 车辆维修。根据车间主管的作业指示和施工单的维修项目进行作业准备。维修技师根据施工单对车辆进行维修。维修过程中若有任何作业中断，需及时告知相关人员。维修过程中，车间主管通过运用 SMB 电子管理看板监控工作进度及完工时间，确保及时更新车辆状态。维修完工之后，维修技师应检查自己工作质量并在施工单上填写完工项目及签字。

(3) 追加维修。若在维修中发现有需要追加的项目，应做到：

① 及时报告车间主管。将追回项目和所需要零件及数量记录于施工单上。和零件人员一同确认零件编码，零件价格及库存。将施工单及时递交给车间主管。

② 核实追加项目。通过 SMB 电子管理看板，确认可作业的时间，工位及维修技师。确认追加维修所需要的作业时间。将施工单递交给服务顾问并告知所需要施工时间。

③ 收到有追加项目的施工单后，根据施工单追加项目作出新的估算单。

④ 在作出新的估算单后，向顾客解释追加的维修项目，费用及预计交车时间。

⑤ 根据维修项目对车辆进行分配。如果在快修工位的车辆增加一般维修项目，完成快修项目后，将车辆移入一般修理工位，重新派工。如果是一般修理车辆增加一般维修项目，则仍由原维修技师继续维修。

⑥ 向维修技师发出追加作业指示并告知完工时间，同时，在 SMB 电子管理看板上延长作业时间。

⑦ 根据顾客确认的追加项目进行维修。

5. 质量控制

(1) 完工检查。

① 在按照施工单完成各项维修项目后，通知车间主管可以进行完工检查。

② 对照施工单，估算单、出库单，逐项对完工车辆进行完工检查。

③ 如果检查中车间主管发现质量问题。把车辆交回给负责修理的维修技师作进一步的诊断和维修，必要时提供技术支持。如果进一步的诊断和维修可能导致交车时间延迟，告知服务顾问预计交车时间。服务顾问联络顾客，告知

顾客预计交车时间。

④ 检查完毕，确认完工后，在施工单上签字。完工检查后，车间主管在YACT系统中输入完工结果。当车辆有市场处理信息未完成时，系统将会提醒“是否下次入厂进行处理”、“是否需要等待零件才能进行”等信息。

⑤ 将实车检查表，施工单放入车内，用对讲机询问洗车工人洗车场情况。洗车场空闲时，通知承修维修技师移动车辆进入洗车场进行车辆清洗，同时用对讲机通知洗车工人开始准备洗车。洗车场有车辆正在清洗时，车间主管指示维修技师先进行维修工位的场地整理，洗车工人在车辆洗车完毕后，通知车间主管洗车完毕，示意可以对下一辆车进行清洗。车间主管通知承修技师移动车辆进入洗车场地进行车辆清洗。

⑥ TACT系统完工结果输入。

(2) 交车前准备。车辆清洁，检查施工单维修项目，核对估算单，并确认完工检查已经完成；对车辆状况作实车检查；对于维修过程中离店的顾客，服务顾问电话联络顾客，通知顾客取车时间。

(3) 打印结算单。登录TACT系统，进入服务/估算/结算画面。

① 输入施工单号码。

② 点击『检索』后，检查维修报告，确认无误后，点击『确认』。

③ 点击『零件报告』，确认零件明细无误后，点击『确认』。

④ 点击『估算结果报告』。

⑤ 输入下次入厂预定和下次行走公里预定，确认后点击『结算书』。

⑥ 结算书样式。

6. 交车

(1) 维修说明及建议。

① 通知顾客车辆已经维修完成，引导顾客至维修接待区。若服务顾问忙碌，必要时，引导员可以代替完成引导任务。

② 引导顾客至维修交车区，向顾客展示维修成果。向顾客出示更换的零件，并解释更换的原因。对于重大的，昂贵的或是涉及安全性能的维修项目，应实车向顾客展示完成部位。与顾客就车身和油漆损坏部位进行确认。

③ 出示施工单，结算单(2张)，向顾客简洁清楚地解释。逐项解释所完成的维修项目。逐项解释更换的零件，使用的润滑油等，维修工时，工时费及最后的总费用。向顾客解释作出如上的维修给顾客所带来的好处。再次确认顾客是否以之前商定的支付方式付款。针对保修车辆，向顾客详细解释保修项目内容。请顾客在结算单上签名确认。

④ 向顾客确认下次入厂服务时间，解释如下内容。解释本次维修中新发现

的必要的维修，建议维修的时间。根据公里数或时间，顾客的用车习惯，建议下次维修的时间。鼓励顾客下次维修前进行预约。

⑤ 向顾客解释维修后的跟踪服务，向顾客确认并记录下。顾客偏好的维修后服务跟踪方式（电话、电子邮件、短信、邮寄邮件等）。约定顾客的服务跟踪时间（一般建议 3 天内）及方便联络的时间（如上班时间、下班时间、上午、中午、下午等）。

（2）付款。陪同顾客到收银处，向收银员出示结算单。向收银员说明付款事项及顾客付款方式。收银员核对结算单，根据确认的付款方式，收取顾客费用，开具发票，在 TACT 系统进行会计结算操作，向顾客提供发票及结算单副本。收银员感谢顾客付费。

（3）会计结算。

① 登录 TACT 系统，进入财务→服务会计结算。输入工单 NO，点击『检索』。

② 点击『检索』后画面。

③ 选择付款方式、输入金额后点击确认。

④ 在维修销售/销售发票 NO 处输入发标号码，点击『确认』。

⑤ 对于含有保险索赔并经保险公司确认的结算，因保险公司不是立刻支付，此处不必输入金额，选中交车日期确认即可，服务顾问和财务人员可通过应收帐管理查询应由账情况。

⑥ 5000/10000 公里定检结算。

进入财务→服务会计结算，输入工单号后检索，选择内部维修，其余业务与一般业务结算操作相同。

（4）恭送顾客。引导顾客至维修交车区。向顾客递交车辆钥匙及维修手册。当着顾客的面除去车内脚垫，方向盘套和座椅。再次对顾客来店表示感谢，并欢迎下次光临，同时目送顾客离厂。交车之后，针对涉及保修车辆登录 TACT 系统，作出技术报告并递交。在车间主管制作技术报告后，服务顾问在保修车辆交车后，登录 TACT 系统制作保修申请（TWC）并提交 GTMC，及时接收 GTMC 批准的保修申请处理结果报告（WCSR）。服务顾问通知服务人员根据保修申请处理结果报告（WCSR）确认的金额开具发票并邮寄至 GTMC。财务人员接收 GTMC 付款后，结算确认。服务顾问对保修结束确认。

7. 修后跟踪

（1）维修后跟踪。在车辆来厂维修服务完工后，在与顾客约定的时间内（一般建议 3 天内），通过 i-CROP 系统对所有顾客进行跟踪服务。对跟踪的内容，作出书面记录，并及时向服务经理汇报。跟踪过程中，对于有投诉的顾客，

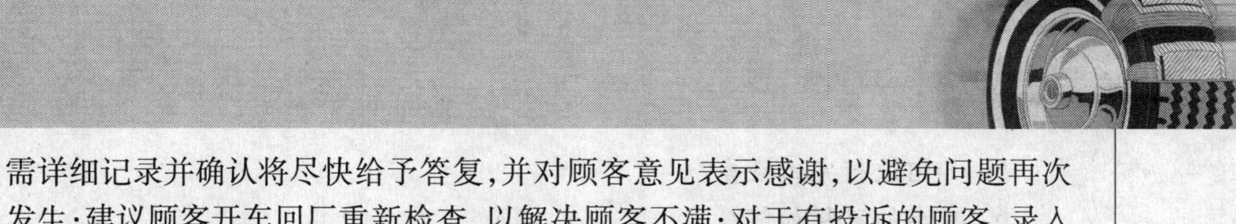

需详细记录并确认将尽快给予答复，并对顾客意见表示感谢，以避免问题再次发生；建议顾客开车回厂重新检查，以解决顾客不满；对于有投诉的顾客，录入专门的投诉对应表，及时向服务经理汇报。对于无法电话联系到的顾客或专门要求的顾客，可以以电子邮件和邮寄卡片的形式向顾客表示感谢。维修后跟踪的内容主要有：

① 若采用电话跟踪方式，在致电顾客前，需准备好施工单或电脑档案资料，仔细了解上次完成的维修内容，并确认顾客姓名，顾客首选的联系电话及时间。

② 致电时，应首先报出经销商名字及本人姓名。

③确认对方是否是自己需要联系的顾客，并询问顾客是否方便谈话。

④ 使用正面的语句尽快告知顾客，来电目的是询问顾客对所接受的维修服务是否感到满意。

⑤ 询问根据维修内容预选准备好的问题，确认顾客对维修服务是否满意。问题不要太多，以6-8 个为宜，并尽量简短。

⑥ 询问顾客对维修服务有何意见和建议，以帮助进一步提高服务水平，并对顾客建议表示感谢。

(2) 反馈结果跟进。

① 针对跟踪服务结果报告。应用 i-CROP 系统记录和整理维修后跟踪服务结果，向服务项目经理报告。根据获得的顾客反馈，找出工作中的优势和弱势，总结顾客关注问题变化的趋势。定期向所有员工反馈跟踪服务的结果，并组织参与讨论，根据自身情况，通过改进活动来解决问题，获得提高。将跟踪服务结果定期向相关部门人员进行交流。

② 根据顾客投诉报告。针对投诉顾客，及时作出反应，妥善处理，并跟踪投诉处理全过程，直至投诉问题解决。根据顾客投诉，分析和总结顾客投诉类型和频率，并以此找出问题点，是运作系统还是技术方面的不足。及时向所有员工通报顾客投诉及处理结果，避免类似事件再次发生。根据分析，找出自身不足，通过改进活动来解决问题，获得提高。

思考与练习

一、简答题

1. 丰田的售后服务标准业务流程有哪些？

2. 预约准备有哪些内容？

3. 维修技师根据施工单及零件出库单，应做哪些工作？

4. 派工的步骤有哪些？

5. 如何进行完工检查?

6. 交车的流程如何?

7. 如何进行售后跟踪?

二、选择题

1. 销售店通过使用(　　),向顾客提供"无遗漏,高品质,时机适当"的定期保养提醒等招徕活动服务。

A. TACT　　B. i-CROP

C. C-DIST

2. 使用 i-CROP,通过如下方式,在下次保养日期前对顾客进行提醒招徕:(　)。

A. 打印并投递直接邮件(DM)给顾客

B. 发送手机短信(SMS)给顾客

C. 上门预约

3. 维修接待类型有(　)。

A. 通常接待　　B. 正常接待

C. 快速接待　　D. 套餐接待

三、判断题

1. 通过 E-CRB 可以支持我们系统地、循序渐进地建立与个体顾客关系的综合解决方案。(　)

2. 顾客下次入厂保养日期前 11 日(N-11,注:N 表示顾客入厂日),通过 i-CROP 系统,确认需要致电提醒顾客保养的顾客。(　)

3. 针对顾客主动打入电话,要求预约维修的车辆,应做好以下工作:确认顾客及车辆信息,车辆最新的行驶里程。询问,确认顾客维修需求并输入系统。与顾客协商合适的入厂时间,临时预约工位。记录顾客其他特殊需求。输入电话活动结果。(　)

4. 如果顾客在第一次致电时,明确提出不需要进行下次入厂或预约,还需要进行第二次致电。(　)

课题四　北京运华天地科技有限公司汽车维修管理软件简介

一、运华天地汽车维修管理软件的特点

北京运华天地科技有限公司推出的管理软件有汽配企业管理软件、汽修企业管理软件、汽贸企业管理软件、4S 企业管理软件、快修美容企业管理软件、汽

保工具企业管理软件。其汽修企业管理软件以其信息安全、数据准确、系统稳定、财务规范、操作简单等特点深受用户好评,现已在全国数千家企业中使用,并在各地建立了众多的客户服务站。

1. 信息安全。运华天地公司采取独到的前后台模块分离设计、先进的保密技术,保障了客户计算机管理系统中的资料安全。

2. 数据准确。尤其是在商品的成本和报表的统计方面,运华天地软件设计出了真正解决复杂数据的严谨算法,从根本上解决了数据混乱这个问题,从而达到了系统内数据的准确性。

3. 系统稳定。采用最先进的计算机技术进行产品研制,不断提供软件升级,业务流程程序化,业务处理标准化,使操作系统稳定可靠。

4. 财务规范。具有符合规范的财务功能,并且提供同类软件所不能提供的多种数据接口。

5. 操作简单。具有全中文界面,既可全鼠标操作,又可全键盘操作,在系统的安全性、稳定性、严谨性和易用性这些性能上,做到了很好的结合。

二、运华天地汽车维修管理软件的基本功能

运华天地汽车维修企业管理软件包含系统管理、汽修管理、财务管理、报表管理和客户服务管理等系统。如果是安装后首次使用,应先创建用户并分配权限、输入基础信息、配件信息、员工信息等,再进入系统。

1. 系统管理

本部分包括账套管理和系统维护。账套是进行数据管理的一个处理单位,通常一个单位使用一个账套,如果有多个业务需要分别核算时则需要使用多个账套。

每个账套包含了一组独立的业务数据,可以新增账套以及对账套进行复制、删除、设置当前账套操作。系统维护包括:系统设置、单位信息管理、数据备份恢复、期末结转、数据交换、操作员管理、系统管理员修改密码、导入网络、单机版数据等。

(1) 新建帐套。正式使用本软件进行管理之前必须新建一个或多个账套,各账套之间的数据相互独立,便于多个业务的单独核算。

(2) 系统参数设置。本功能设置商品出库(销售或者领料)成本的核算方式,包括配件入库成本是否含税、入库时销售价格的处理方法、是否允许负库存(一般为不允许)、库房定料权等信息。其界面如图3-100。

(3) 单位基本信息。建立使用单位的信息,如名称、服务电话、银行帐号等。

系统参数设置

成本计价方法 | 运行参数 | 打印备注设置 | 维修经营月报表参数

参数	设置
配件成本是否含税[1]	以不含税单价
入库时销售价处理方法[2]	不更改
销售价计算比例[3]	0 %
负库存[K]	不允许
库房定料权[4]	有
管理费费率[5]	0 %
管理费计算[6]	工时费
索赔金额计算[S]	配件索赔价
工时费索赔比率[7]	1.5
材料费索赔比率[8]	1.5
工时费理赔比率[9]	1.5
材料费理赔比率[0]	1.5
维修工工时单价[A]	1
员工业绩计算[B]	按工时单价

会员积分计算公式[B] 自费额 *100 % + 免费额 *100 %
+ 索赔额 *100 % + 理赔额 *100 %

注:销售价的处理为入库价*比例时,如销售价计算比例为120时,则销售价=入库价*1.2。会员积分比例为0-100之间。

确定　关闭

图 3-100　系统参数设置界面

(4) 数据备份。系统在使用过程中所产生的大量数据,这些数据对于日常经营是非常重要的,为了确保它的安全,需要定时进行数据备份。确保在发生意外时,使用它来恢复数据,尽量减少损失。

(5) 数据恢复。数据恢复是用以前备份的数据来替代当前账套正在使用的数据。

(6) 经营期末结转。为不影响系统运行效率而清除一些冗余数据和过时数据。

(7) 数据交换。替换目标账套内的数据。

(8) 操作员管理。增加用户、删除用户、更改密码、修改用户权限。

(9) 系统升级数据导入。系统升级时将原有系统中的数据导入到升级后的新系统中。

2. 汽修管理

(1) 启动系统。启动汽修管理系统，使用在系统管理程序中创建的操作员进行登录。

(2) 基本数据。在此管理配件信息、供应商信息、客户信息、员工信息、车辆信息、车辆维修项目、维修套餐、基础信息。基础信息是系统运行的必须条件，其界面如图 3-101。

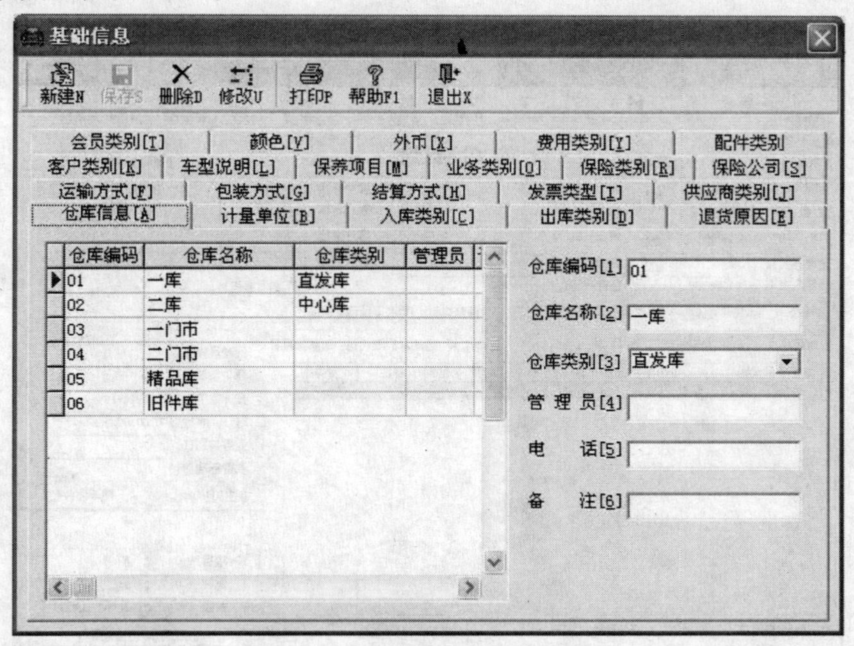

图 3-101　基础信息界面

(3) 修车流程

① 前台接待。接待员通过与修车用户交流，记录故障现象，进行备料估价等，确定是否进厂修理并初步决定维修项目和用料。打印修车委托书等内容。

② 车间管理。车间负责人为维修项目指定维修人员和维修用料，可以进行维修项目派工、停工、完工等处理。可打印派工单。

③ 领料管理。仓库管理人员根据指定的维修用料或退料要求进行领料出库或退料入库。可以打印领料、退料等单据。

④ 总检。检验员进行维修质量检验并确认完工。

⑤ 预结算。结算人对维修工时费用、维修用料费用、检修费用、外加工费用、管理费用、其他费用、优惠金额进行计算，得出应收金额。打印出结算单。

⑥ 收款。出纳进行收款处理并自动生成应收款记录。

⑦ 出厂。审核人员同意该车出厂,可打印出厂单并登记预约记录。

(4) 汽修业务导航。在数据表格中,显示修车记录,状态包括:登记、在修、已完工、已预结、已结算、已出厂。在查询条件中,可以按客户号、客户名称、车牌号、联系人、接车时间、业务单号、维修状态等进行组合或单向查询。

(5) 前台接待。前台接待员通过与修车用户交流,记录汽车的维修项目并输入每个项目的维修用料,如果是返修则需登记返修信息。确定是否进厂修理。打印出修车委托书。其界面如图 3-102。

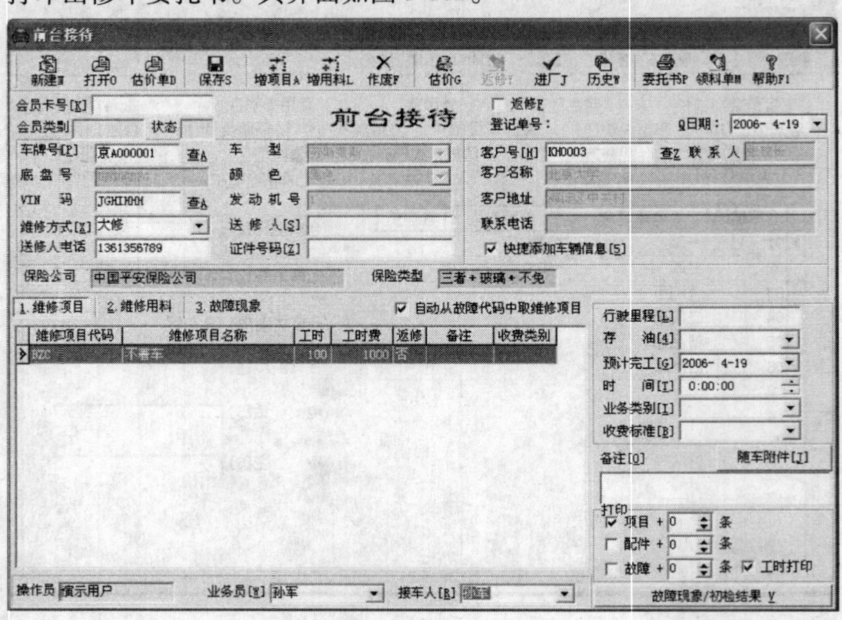

图 3-102 前台接待界面

(6) 备料估价。与客户接洽或者对车辆初检,对维修所需的服务和配件的费用进行估算。

(7) 备料估价单查询。对已入档的估价记录进行查询。

(8) 车间管理。车间管理用于车间内为维修项目指派维修人员、进行维修管理、对维修项目及用料进行添加和删除。

(9) 维修进度查询。用于使用不同的查询条件对维修业务记录进行查询。

(10) 领料管理。领料管理的功能是对维修业务所需要的维修用料的出库、退库管理。包括:维修领料单、领料出库查询、退料入库单、退料入库查询、内部领料单、内部领料查询。

(11) 维修业务结算。对完工后的车辆在本次维修中的各种费用进行计算。确定各个款项的债务人。确定外加工费、优惠金额、应收金额。

(12) 维修业务反结算、重结算。维修业务反结算是对已经结算的业务单据进行反结。如果客户对结算的内容有疑问那么您可以使用重结算的功能。

(13) 反总检。对已经质量检验的车辆进行重新检验。

(14) 应收款。如果结算的时候没有收款,则用该项功能加以记载。

(15) 出厂单。对已收款的业务单,进行出厂处理,并提供出厂单给客户。

(16) 维修结算查询。用于使用不同的查询条件对维修业务的结算进行查询。

(17) 存档结算单。对业务结算单进行存档。

(18) 存档结算单查询。查询已存档的结算单。

(19) 预约管理。预约管理主要对客户的保养项目或维修项目的预约进行管理。

(20) 维修历史查询。查询历史业务明细记录。

(21) 工具管理。对汽车修理所用的工具进行入库、借出、归还、报废等管理。图 3-103 所示为工具入库界面。

图 3-103　工具入库界面

3. 财务管理

财务管理包括应收账款管理和应付账款管理两部分。主要功能包括:应收账款查询、应收账款发生、应收账款收回、应付账款查询、应付账款发生、应付账款支付。

(1) 应收账款查询。应收账款查询用来根据查询条件查询出所需的应收账款信息。

(2) 应收账款发生。在正常情况下,系统会根据销售单或销售退货单自动产生应收账款,而应收账款发生用于录入没有业务单据等其他非正常情况下的

应收款发生额。

(3) 应收账款收回。登录应收回的账款。

(4) 呆账处理。用于某一笔应收款项无法收回时的财务处理。

(5) 应付账款查询。查询应付账款。

(6) 应付账款发生。用于录入没有业务单据等其他非正常情况下的应付款发生额。

(7) 应付账款支付。登录应支付的账款。

(8) 多业务收款。对一个客户的多次欠款而一次性收回。

(9) 应收明细。对所有的应收统计。

(10) 费用管理。对公司的其他支出费用进行管理。

4. 报表管理

(1) 维修用料查询。查询维修用料的使用情况。

(2) 维修项目查询。查询维修业务中维修项目情况,操作界面如图 3-104。

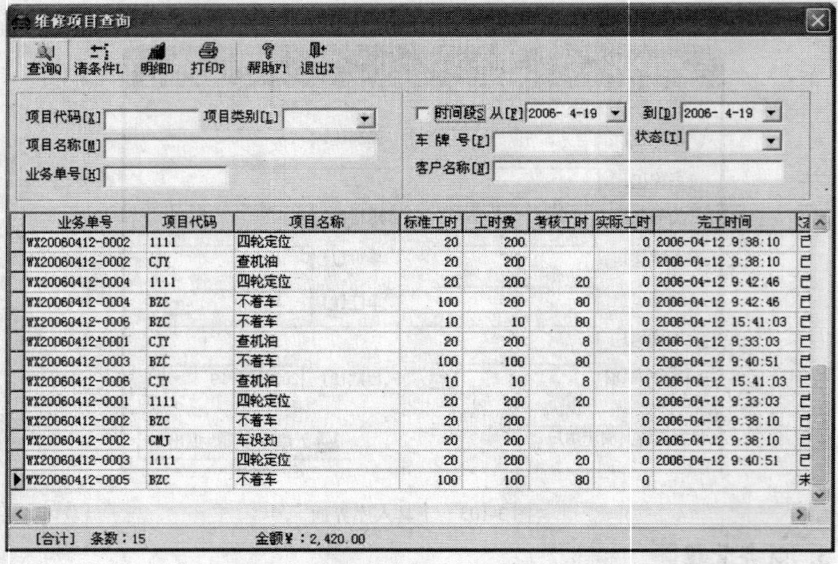

业务单号	项目代码	项目名称	标准工时	工时费	考核工时	实际工时	完工时间	
WX20060412-0002	1111	四轮定位	20	200		0	2006-04-12 9:38:10	已
WX20060412-0002	CJY	查机油	20	200		0	2006-04-12 9:38:10	已
WX20060412-0004	1111	四轮定位	20	200	20	0	2006-04-12 9:42:46	已
WX20060412-0004	BZC	不着车	100	200	80	0	2006-04-12 9:42:46	已
WX20060412-0006	BZC	不着车	10	10	80	0	2006-04-12 15:41:03	已
WX20060412-0001	CJY	查机油	20	200	8	0	2006-04-12 9:33:03	已
WX20060412-0003	BZC	不着车	100	100	80	0	2006-04-12 9:40:51	已
WX20060412-0006	CJY	查机油	10	10	8	0	2006-04-12 15:41:03	已
WX20060412-0001	1111	四轮定位	20	200	20	0	2006-04-12 9:33:03	已
WX20060412-0002	BZC	不着车	20	200		0	2006-04-12 9:38:10	已
WX20060412-0002	CMJ	车没劲	20	200		0	2006-04-12 9:38:10	已
WX20060412-0003	1111	四轮定位	20	200	20	0	2006-04-12 9:40:51	已
WX20060412-0005	BZC	不着车	100	100	80	0		未

[合计] 条数:15 金额¥:2,420.00

图 3-104 维修项目查询界面

(3) 维修人员业务查询。按条件查询维修人员的业绩情况。

(4) 维修报表。用于对维修业务进行统计。根据需要可以按客户信息、结算时间段、配件、员工等来进行统计。

5. 客户服务管理

(1) 会员管理。对常来的的客户用会员管理的形式进行管理。对会员客户给予一些优惠措施。

（2）会员积分。经常来的客户按消费金额可以积攒一些积分，公司根据积分的多少以客户一定的优惠待遇。

（3）维修跟踪。对整个维修过程对客户的满意程度、投诉记录等内容进行调查。

（4）客户生日查询。客户生日查询是对车辆第一次进厂的时间进行查询。

（5）会员到期查询。查看该会员是否到期，到期的会员将不再给优惠待遇。

（6）车辆保险到期查询。查询车辆保险是否到期。

（7）车辆保险。车辆保险服务是为方便客户为车辆购买保险而设计的。

（8）车辆保险查询。车辆保险查询是对车辆所入的保险项目、保险金额等信息进行查询。

（9）发送短信。短信群发是为了更方便的联系客户。

（10）短信发送历史查询。按不同的条件（如发送人、手机号）对所发过的短信内容进行查询。

思考与练习

1. 运华天地汽车维修管理软件有哪些优点？
2. 运华天地汽车维修管理软件包含哪些系统？
3. “修车流程”包含哪几个环节？
4. 运华天地汽车维修管理软件中的财务管理系统有哪些主要功能？
5. 在运华天地汽车维修管理软件中为何要建立客户服务管理系统？

参 考 文 献

[1] 胡建军编著. 现代汽车维修企业前期建设与经营管理. 第 1 版. 北京:机械工业出版社,2004

[2] 莫远编著. 汽修和汽配企业的计算机管理. 第 1 版. 北京:机械工业出版社. 2004

[3] 许平主编. 汽车维修企业管理基础. 北京:电子工业出版社,2005

[4] 中国汽车类网站研究报告 2005 年. 上海:上海艾瑞市场咨询有限公司,2005